イノベーションと
革新的マーケティングの
戦略

伊藤 嘉浩 著

文眞堂

はじめに

　本書は，筆者のイノベーション・マネジメントとマーケティング戦略の両分野の研究成果を統合するように加筆・再編集して，1冊の研究書にまとめたものである。

　筆者は，企業での実務経験を経て，山形大学人文学部（現在の人文社会科学部）と長岡技術科学大学にてイノベーション・マネジメントとマーケティング戦略について研究教育を行ってきた。本書は，その過程で得た研究成果をまとめたもので，ほとんどの章の内容は，質の高い学術雑誌に掲載された査読付き論文がもとになっている（詳細は序章に記載）。勿論，本書ではこれらの論文の内容をさらに加筆修正して，書籍としての一貫性を持つようにするとともに，研究者だけでなく学生と実務家も対象とするため，読みやすい表現に改め，難しい専門用語に注釈をつけるなどした。

　内容は，イノベーション・マネジメントとマーケティング戦略に関する，新しい事業戦略と製品開発，最新の消費者行動，さらに新規事業開発とベンチャーまでと幅広い。それらの中で扱っているコンセプトは，垂直立ち上げ戦略，エコシステム，オムニチャネルなど重要で新しいものである。また，研究方法は，事例研究やアンケート調査などを用いている。

　本書は，このように当初異なる目的やコンセプトで作成されたこれらの両方の分野のそれぞれの研究成果を，1冊の書籍に統合しようとするチャレンジである。なぜなら，これまでイノベーション・マネジメントとマーケティングは，全く異なる研究者により，異なる学界で研究されてきたからである。本書により，読者は今まで以上に幅広い射程に気付くであろう。

　本書のターゲットとする読者は，イノベーション・マネジメントとマーケティングの両方の分野の研究者，大学院生，学部学生および実務家である。特に第6章は，トップジャーナル *Industrial Marketing Management* に掲載された論文，第7章も国際ジャーナルに掲載された論文の内容にもとづいている。こ

れらは，国際的な研究成果を目指す研究者と大学院生の参考となるであろう。

　一方，第3章と第4章の内容は，筆者が以前勤務していた山形大学人文学部のゼミの学部学生との共同研究の成果の査読付き論文にもとづく内容であり，学部学生の卒業論文や社会人大学院生の修士論文の作成の参考になるであろう。

　さらに，本書では，高度な数学や統計分析を用いていない。また，キヤノン，アイリスオーヤマ，ユーグレナなど有名企業の事例が多いため，企業の実務家の方にも読みやすく，実務に有効な知見に富んでいる。

　本書の出版にあたり，多くの方にお世話になった。ここに深く感謝したい。まず，筆者が以前勤務していた山形大学人文学部と現在勤務する長岡技術科学大学で素晴らしい研究教育環境を提供してくれている教職員の方々である。東京理科大学経営学部の教職員の方々にも，お世話になった。また，日頃からご指導頂いている学界の研究者の中でも，共同研究を行っている東京理科大学経営学部の野田英雄先生と同志社大学ビジネススクールの殷勇先生には，特にお世話になっている。筆者との共著論文の内容の本書への掲載を快く承諾してくださった山形大学人文学部の筆者のゼミ学生であった藤田修平君と市川嘉奈子さんに感謝する。さらに，本書のアンケート調査やインタビューに協力して頂いた企業と実務家の方々に感謝する。

　そして，本書の一部の内容は，日本学術振興会の科研費15K03645の研究助成を受けて行われた研究の成果である。公益財団法人内田エネルギー科学振興財団と長岡技術科学大学協力会には，本書の出版を助成して頂いた。

　最後に，本書の出版に快く応じて頂いた株式会社文眞堂の前野隆氏と前野眞司氏に，お礼申し上げる。

2019 年春

伊藤　嘉浩

目　次

はじめに …………………………………………………………………………… *i*

序　章 …………………………………………………………………………… *1*

第1章　垂直立ち上げ戦略の認知度・重要性・実践度：
アンケート調査による分析 ……………………………………… *5*

1. はじめに ……………………………………………………………………… *5*
2. 先行研究 ……………………………………………………………………… *6*
3. 研究方法 ……………………………………………………………………… *9*
4. 調査結果と分析 …………………………………………………………… *10*
   4.1 回答結果 ……………………………………………………………… *10*
   4.2 垂直立ち上げ戦略の認知度 ……………………………………… *10*
   4.3 垂直立ち上げ戦略の重要度 ……………………………………… *10*
   4.4 垂直立ち上げ戦略の実践度 ……………………………………… *14*
   4.5 垂直立ち上げ戦略の実践の仕方 ………………………………… *14*
5. 考察および結論 …………………………………………………………… *15*

第2章　垂直立ち上げ戦略のマネジメント：
アイリスオーヤマの事例 ……………………………………… *18*

1. はじめに ……………………………………………………………………… *18*
2. 垂直立ち上げ戦略の概念と先行研究 ………………………………… *19*
3. リサーチクエスチョン …………………………………………………… *22*
4. 研究方法 …………………………………………………………………… *22*
5. アイリスオーヤマの概要と経営の特徴 ……………………………… *23*
   5.1 アイリスオーヤマの企業概要 …………………………………… *24*

iv　目　次

　　5.2　アイリスオーヤマの経営の特徴······················24

6.　アイリスオーヤマにおける垂直立ち上げ戦略の実践の事実·············25

　　6.1　アイリスオーヤマで垂直立ち上げ戦略を実践している事実·······25

　　6.2　アイリスオーヤマにおける垂直立ち上げ戦略の利点とデメ

　　　　リット··27

7.　アイリスオーヤマでの垂直立ち上げ戦略の実行のマネジメント········28

　　7.1　垂直立ち上げ戦略の対象商品と基準······················29

　　7.2　商品企画と商品開発会議での集中的かつ迅速な商品化決定·······29

　　7.3　事業化と開発における迅速化のための並行業務と1人多能業務····31

　　7.4　早期からの垂直立ち上げ戦略を意識した生産·················32

　　7.5　早期の事前商談·····································33

　　7.6　積極的なプロモーションと販売予測······················33

　　7.7　物流マネジメントにおける十分な事前の出荷準備とピッキング

　　　　の工夫··34

　　7.8　積極的な営業と販売促進の活動·························35

　　8.　分析···36

　　8.1　アイリスオーヤマにおける垂直立ち上げ戦略の実践の

　　　　マネジメントの特徴·······································36

　　8.2　アイリスオーヤマの垂直立ち上げ戦略の実践の成功要因··········37

　　9.　考察···38

　　10.　結論···39

第3章　新製品開発のエコシステム・マネジメント：
パイオニアのカーナビの事例····························40

　1.　はじめに···40

　2.　エコシステムの定義と先行研究······························41

　3.　本章の分析視点···45

　4.　カロッツェリアサイバーナビ事業の概要と調査方法··············47

　5.　本章の分析視点による分析·······························49

　　5.1　AR HUD··49

5.1.1　概要 ………………………………………………………… 49

5.1.2　分析—アダプションチェーン・リスク ……………………… 50

5.1.3　分析—価値設計図 …………………………………………… 51

5.2　通信モジュール，フリーワード音声検索 …………………………… 52

5.2.1　通信モジュール ……………………………………………… 52

5.2.2　フリーワード音声検索 ……………………………………… 52

5.2.3　分析—エコシステムの活用 ………………………………… 53

5.2.4　分析—コーイノベーション・リスクのあるパートナーに
　　　　対するマネジメント ……………………………………… 53

5.2.5　分析—アダプションチェーン・リスク ……………………… 54

5.3　スマートループおよびスマートループアイ ……………………… 54

5.3.1　スマートループ ……………………………………………… 54

5.3.2　スマートループアイ ………………………………………… 55

5.3.3　分析—アダプションチェーン・リスク ……………………… 55

5.3.4　分析—スマートループ，スマートループアイにおける
　　　　エコシステムの継承 ……………………………………… 56

5.3.5　分析—エンドユーザー同士がパートナー …………………… 57

5.3.6　分析—パイオニアの計画と実際の相違 ……………………… 57

5.4　地図データ ……………………………………………………… 57

5.5　仲介者との関係性 ……………………………………………… 59

5.5.1　パイオニア→カーメーカー量販店 …………………………… 59

5.5.2　パイオニア→カーメーカー→カーディーラー，パイオニア
　　　　→代理店→カーディーラー ……………………………… 60

5.5.3　分析—アダプションチェーン・リスク ……………………… 61

6.　分析のまとめ ………………………………………………………… 62

6.1　価値設計図 ……………………………………………………… 62

6.2　コーイノベーション・リスク …………………………………… 62

6.3　アダプションチェーン・リスク ………………………………… 62

6.4　質問事項③ リーダー企業が成功するときのパートナーの利益。
　　　パートナー企業が成功するときのリーダーの利益 …………… 64

vi　目　次

　　6.5　質問事項④ 従来構築されたエコシステムの継承と活用の

　　　　マネジメント ··· 65

　7.　考察 ··· 65

　8.　結論 ··· 70

第4章　オムニチャネルの消費者行動：
Web調査による都市部と地方の比較分析 ·················· 71

　1.　はじめに ··· 71

　2.　先行研究 ··· 72

　3.　リサーチクエスチョンおよび研究方法 ····························· 73

　4.　インタビュー調査結果のまとめ ····································· 74

　5.　消費者行動プロセスのモデルと仮説の提示 ······················ 74

　6.　インターネット・マーケティング・リサーチによる分析 ·············· 78

　　6.1　集計結果 ··· 78

　　6.2　仮説の検証 ··· 78

　　6.3　サンプル数の多いオムニチャネルの消費者行動プロセスの

　　　　パターン ··· 81

　7.　考察 ··· 83

　8.　結論 ··· 85

第5章　新規事業開発のアプローチと成長の戦略の
フレームワーク ··· 87

　1.　はじめに ··· 87

　2.　関連先行理論モデルのレビュー ····································· 88

　3.　新規事業の競争としての側面 ··· 93

　　3.1　新規事業の競争としての側面 ····································· 93

　　3.2　競争戦略理論モデルの改良 ··· 93

　4.　新規事業のアプローチおよび成長戦略の理論モデルの構築 ·············· 95

　　4.1　理論モデルの構築 ··· 95

　　4.2　構築したモデルの各アプローチの説明 ··························· 97

4.3　モデルの応用性 ……………………………………………… 98

　5.　考察 …………………………………………………………………… 99

　　5.1　本理論モデルの長所 ……………………………………………… 99

　　5.2　本理論モデルの実際のマネジメントへの応用性 …………… 100

　6.　結論 ………………………………………………………………… 101

第6章　新規事業開発における組織間お墨付きの論理：
　　成功と失敗の事例 ……………………………………… 102

　1.　はじめに …………………………………………………………… 102

　2.　先行研究 …………………………………………………………… 103

　3.　分析枠組み ………………………………………………………… 106

　4.　研究方法 …………………………………………………………… 107

　5.　各事例の記述と分析 ……………………………………………… 109

　　5.1　3DCG の新規事業開発 ………………………………………… 109

　　　5.1.1　事例の概要 ……………………………………………… 109

　　　5.1.2　分析 ……………………………………………………… 110

　　5.2　レーザーロータリーエンコーダの新規事業開発 ………… 111

　　　5.2.1　事例の概要 ……………………………………………… 111

　　　5.2.2　分析 ……………………………………………………… 112

　　5.3　新型半導体ウェハの新規事業開発 ………………………… 113

　　　5.3.1　事例の概要 ……………………………………………… 113

　　　5.3.2　分析 ……………………………………………………… 114

　　5.4　液晶カラーフィルターの新規事業開発 …………………… 115

　　　5.4.1　事例の概要 ……………………………………………… 115

　　　5.4.2　分析 ……………………………………………………… 116

　　5.5　新型スピーカーの新規事業開発 …………………………… 117

　　5.6　業務用味噌汁サーバーの新規事業開発 …………………… 117

　　　5.6.1　事例の概要 ……………………………………………… 117

　　　5.6.2　分析 ……………………………………………………… 119

　6.　考察と結論 ………………………………………………………… 120

viii 目　次

   6.1　組織間お墨付きの論理を通じた資源獲得のための
       プロジェクトの正当化 ……………………………………………… 120
   6.2　正当化を獲得したプロジェクトに共通する特徴 ……………… 122
   6.3　正当化を獲得したプロジェクトの成功と失敗を分ける要因 …… 123
   6.4　実務家へのインプリケーションと今後の研究 ………………… 123

第7章　新規事業開発における
チャンピオンとアンタゴニストの行動 ……………… 125

 1.　はじめに ……………………………………………………………… 125
 2.　チャンピオンに関する先行研究と定義 …………………………… 127
 3.　研究方法 ……………………………………………………………… 130
 4.　事例1 ………………………………………………………………… 132
   4.1　事例1の概要 ……………………………………………………… 132
   4.2　事例1において仮説を指示する事実 …………………………… 133
   4.3　事例1の分析 ……………………………………………………… 134
 5.　事例2 ………………………………………………………………… 135
   5.1　事例2の概要 ……………………………………………………… 135
   5.2　事例2において仮説を指示する事実 …………………………… 135
     5.2.1　アンタゴニストW氏のチャンピオンへの変化 …………… 136
     5.2.2　チャンピオン，アンタゴニスト，さらにチャンピオンへと
        変化するOS氏の行動 ……………………………………… 137
   5.3　事例2の分析 ……………………………………………………… 139
 6.　事例3 ………………………………………………………………… 140
   6.1　事例3の概要 ……………………………………………………… 140
   6.2　事例3において仮説を支持する事実 …………………………… 141
   6.3　事例3の分析 ……………………………………………………… 143
 7.　考察 …………………………………………………………………… 143
 8.　結論 …………………………………………………………………… 147

目　次　ix

第8章　ベンチャー企業における反対者のマネジメント ………… *149*

1. はじめに ……………………………………………………………… *149*
2. 概念の定義，先行研究およびリサーチクエスチョン ……………… *150*
3. 研究方法 ……………………………………………………………… *153*
  3.1　研究方法 ………………………………………………………… *153*
  3.2　調査企業の事業概要 …………………………………………… *155*
    3.2.1　地盤ネット ……………………………………………… *155*
    3.2.2　エニッシュ ……………………………………………… *155*
    3.2.3　オルトプラス …………………………………………… *156*
    3.2.4　メディアフラッグ ……………………………………… *156*
    3.2.5　オークファン …………………………………………… *157*
    3.2.6　イーブックスイニシアティブジャパン ……………… *157*
    3.2.7　ウォーターダイレクト ………………………………… *158*
    3.2.8　ライフネット生命保険 ………………………………… *158*
    3.2.9　ベクトル ………………………………………………… *159*
    3.2.10　ビューティガレージ ………………………………… *159*
    3.2.11　デジタルメディアプロフェッショナル …………… *159*
    3.2.12　ユーグレナ …………………………………………… *160*
4. 反対者に関して得られた事実 ……………………………………… *160*
  4.1　企業別の反対者の種類 ………………………………………… *160*
  4.2　反対者の種類別の企業 ………………………………………… *162*
  4.3　家族 ……………………………………………………………… *163*
    4.3.1　地盤ネット ……………………………………………… *164*
    4.3.2　オークファン …………………………………………… *164*
    4.3.3　イーブックスイニシアティブジャパン ……………… *164*
    4.3.4　ビューティガレージ …………………………………… *164*
  4.4　起業仲間 ………………………………………………………… *165*
    4.4.1　オークファン …………………………………………… *165*
    4.4.2　ベクトル ………………………………………………… *165*

x　目　次

4.5　詐欺師 …………………………………………………………… *165*

　4.5.1　オークファン ……………………………………………… *165*

4.6　経営チームと部下 ……………………………………………… *166*

　4.6.1　メディアフラッグ（1）…………………………………… *166*

　4.6.2　メディアフラッグ（2）…………………………………… *166*

　4.6.3　ウォーターダイレクト ………………………………… *166*

　4.6.4　オークファン ……………………………………………… *167*

　4.6.5　地盤ネット ………………………………………………… *167*

　4.6.6　イーブックスイニシアティブジャパン ……………… *167*

4.7　VC などの出資者 ……………………………………………… *167*

　4.7.1　デジタルメディアプロフェッショナル ……………… *167*

　4.7.2　イーブックスイニシアティブジャパン ……………… *168*

　4.7.3　ウォーターダイレクト ………………………………… *168*

　4.7.4　ライフネット生命保険 ………………………………… *168*

　4.7.5　メディアフラッグ ………………………………………… *169*

4.8　競合企業 ………………………………………………………… *169*

　4.8.1　地盤ネット ………………………………………………… *169*

　4.8.2　デジタルメディアプロフェッショナル ……………… *169*

　4.8.3　オークファン ……………………………………………… *170*

4.9　顧客 ……………………………………………………………… *170*

　4.9.1　デジタルメディアプロフェッショナル ……………… *170*

4.10　既存業界 ……………………………………………………… *170*

　4.10.1　ビューティガレージ …………………………………… *170*

5．リサーチクエスチョンに対する分析 ……………………………… *172*

5.1　リサーチクエスチョン 1：反対者はベンチャー企業の経営を
中止まで追い込むか，の分析 ……………………………… *172*

5.2　リサーチクエスチョン 2：反対者はベンチャー企業の経営に
とってプラスの効果もあるか，の分析 …………………… *173*

　　　　　　　　　　　　　　　　　　　　　　　　　　　目　次　*xi*

　　5.3　リサーチクエスチョン3：ベンチャー企業の経営において，
　　　　　支援者や擁護者が反対者になることはあるか，また逆に，
　　　　　反対者が支援者や擁護者になることはあるか，の分析…………*173*
　6.　考察………………………………………………………………*175*
　　6.1　ベンチャー企業の経営において反対者が生まれる理由…………*175*
　　6.2　反対者の存在とベンチャー企業の業績との関係………………*176*
　　6.3　既存業界の反対や妨害について………………………………*178*
　　6.4　反対者の研究を行う意義とインプリケーション………………*178*
　7.　結論………………………………………………………………*178*

結章　本書の総括，研究方法，まとめ………………………*180*

　1.　本書の内容の総括…………………………………………………*180*
　2.　研究方法について…………………………………………………*186*
　3.　まとめ………………………………………………………………*188*

参考文献……………………………………………………………………*189*
索引…………………………………………………………………………*196*

序　章

　本書の目的は，企業におけるイノベーションとマーケティングの両方にまたがる領域の戦略について，筆者独自の様々な論点から学術的・実務的に有用な新しい専門的知識と事例を提示することである。扱う事例の対象は，革新的な事業戦略，新製品開発，新規事業開発，ベンチャー企業のマネジメント，新しいネット時代の消費者行動と幅広い。

　今日，企業における最先端のイノベーション・マネジメントと革新的なマーケティングの両方の重要性は増加している。なぜならば，企業競争のグローバル化，製品のデジタル化，インターネット，さらにスマートフォンの普及により，企業における既存の事業や製品のビジネス寿命が非常に短くなっているため，新たな新製品と新事業の開発が日々求められているからである。さらに，これらを実現するためには，同時に，事業戦略レベルでの革新，インターネット時代への事業構造の改革，さらにはベンチャー企業を通じた事業創造が必要になっているからである。

　これまでのイノベーション・マネジメントの専門書では，主に基礎研究や製品開発を対象としてきた。一方で，マーケティングの専門書では，主に商品の企画と市場セグメント，広告宣伝，消費者行動を主に対象にしてきた。しかし，イノベーションが新結合により社会価値を生み出す行為であり，マーケティングが市場創造のための諸活動であることから，両者に共通性があり，親和性が高い。今日，企業におけるイノベーションとマーケティングの対象は，広範囲に広がり，両者はオーバーラップしてきているため，このような領域での最先端の視点と専門知識が，学術的研究者は勿論のこと，企業の実務家にとっても重要となっている。

　筆者は長年，企業において新規事業開発や最先端の IT 製品の開発の企画を担当するとともに，その商品企画や販売促進などのマーケティング活動を行った経験がある。そして，大学教員になってからは経営戦略論やマーケティング

図序-1 本書の構成とフレームワーク

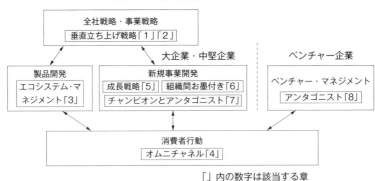

出所：筆者作成。

の研究教育を担当し，イノベーション・マネジメントとマーケティングの両方の領域の研究を行ってきた。この研究過程で強く感じたのは，世界的な研究の潮流として，イノベーション・マネジメントとマーケティングの研究は，IT技術の普及や製品・サービスのデジタル化の進展とともに，両者の最先端に重複が見られるようになってきていることである。しかし，日本の両方の研究者の関心は，未だ従来の研究領域と概念に留まっている。

そこで，本書では，このようなイノベーション・マネジメントとマーケティングの最先端の両方にまたがる戦略を対象として，筆者がこれまでに発表した査読付き論文等を再編集した。勿論，論文をそのまま掲載するのではなく，題名を変更し，難しい表現を書き改め，適時専門用語を説明するなどの加筆修正を行っている。よって，学術的研究者だけでなく，企業の実務者に新たな視点と概念，専門知識および事例の詳細を提供したい。このことで，最近必ずしも好調とは言えない日本企業のイノベーションとマーケティングの戦略能力を少しでも向上させるのに資することが出来ればと，筆者は考えている。

以上のように，本書の特徴は，イノベーション・マネジメントとマーケティングの両方にまたがる領域の戦略を対象にして，新たな視点を提供すること，専門知識を提供すること，および事例の詳細を提示することであり，これらの本書の構成をフレームワークとすると図序-1のようになる。

具体的には，対象とする企業組織を，大企業・中堅企業とベンチャー企業の2つに分類している。まず，共通するマネジメントとして全社戦略・事業戦略がありここにも新しい戦略のイノベーションが必要である（第1章，第2章）。そして，その下部の組織活動として従来からのイノベーションとマーケティングの両方の対象である製品開発（第3章）さらに，これらの製品の価値の提供先である新しい時代の消費者行動について専門知識が必要となる（第4章）。そして，既存事業にない新規事業開発があり（第5章，第6章，第7章），一方，ベンチャー企業にも特有のマネジメント課題がある（第8章）。以上が本書の全体像である。本書の前半は，マーケティング戦略の内容，後半はイノベーション・マネジメントの内容となっている。

本書で扱う具体的な対象，視点，事例は次の通りである。

第1章では，全社戦略・事業戦略を対象に，スピード重視の経営として重要と考えられる垂直立ち上げという新しい戦略の重要性と普及度をアンケート調査により提示する。

第2章は，第1章に続きこの垂直立ち上げ戦略を実践している先端的な事例の1つとして，アイリスオーヤマの事例を取り上げて，その詳細を提示して分析する。

第3章では，複雑化する製品開発戦略を対象に，イノベーション・エコシステムという複数の企業・組織との連携のマネジメントについて，パイオニアのカーナビゲーションの製品開発の事例を提示して分析する。

第4章では，消費者の行動を対象にする。具体的には，最新の動向であるネットとリアル店舗を交差するオムニチャネル戦略の消費者行動について，Webアンケートを用いて分析し，特に都市部と地方との比較をする。

第5章では，企業内の新規事業開発の戦略論として，新規事業開発をどのように成長させていったらよいのかの示唆となるフレームワークを提示して説明する。

第6章では，第5章の論点の1つを具体化した企業内の新規事業開発の論点として，外部の企業・組織・人物と協力した組織間の事業開発について，独自のお墨付きの論理に基づいてキヤノンとマルコメの複数事例の比較分析を行う。

第7章では，さらに新規事業開発の創発的戦略において重要な人物である

4　序　章

チャンピオン（擁護者）とアンタゴニスト（反対者）の行動と論理について，キヤノンとソニーの複数事例から分析・考察する。

　第 8 章では，第 7 章のアンタゴニストの概念を，ベンチャー企業のマネジメントに援用して，ベンチャー企業におけるアンタゴニストの行動と影響について，マザーズ市場に上場したベンチャー企業 12 社の事例の詳細を明らかにする。

　最後の結章では，以上の各章で得られた結果を今後の方向性を含めて総括し，さらに研究方法とまとめについて言及する。

　なお，本書の各章の出所は，以下の通りである。

　序章：書き下ろし。

　第 1 章：書き下ろし。

　第 2 章：伊藤嘉浩（2017）「垂直立ち上げ戦略の実践のマネジメント：アイリスオーヤマの事例」『経営情報学会誌』26（2）：97-112。

　第 3 章：伊藤嘉浩・藤田修平（2015）「日本企業におけるイノベーション・エコシステムのマネジメント：パイオニアのサイバーナビの新製品開発の事例分析」『学術雑誌イノベーション・マネジメント』1（12）：109-131。

　第 4 章：伊藤嘉浩・市川嘉奈子（2015）「オムニチャネル戦略における消費者行動プロセス：都市部と地方の比較調査分析」『日経広告研究所報』1（281）：2-9。

　第 5 章：伊藤嘉浩（2007）「新規事業開発のアプローチと成長の戦略に関する理論モデルの構築」『山形大学大学院社会文化システム研究科紀要』1（4）：21-31。

　第 6 章：Ito, Y. (2018), "Interorganizational Business Development Utilizing Legitimacy for Resource Mobilization in Large Firms: Successful and Unsuccessful Cases," *Industrial Marketing Management,* 75：80-89.

　第 7 章：Ito, Y. (2016), "Changes in the Attitudes and Behaviors of Champions and Antagonists in New Business Development," *Asian Journal of Management Science and Applications,* 2（3）：296-313.

　（この論文は，伊藤嘉浩「新規事業開発におけるもう 1 つのチャンピオンとアンタゴニスト」『Venture Review』1（17）：33-42，を大幅に加筆修正したものである。）

　第 8 章：伊藤嘉浩（2015）「ベンチャー企業における反対者の探索的研究」『経営情報学会誌』23（4）：313-332.

　結章：書き下ろし。

第1章
垂直立ち上げ戦略の認知度・重要性・実践度：アンケート調査による分析

1. はじめに

　企業において全社戦略・事業戦略というマーケティング戦略の重要性は大きい。本書では新しい戦略である垂直立ち上げ戦略を取り上げる。

　本章の目的は，パナソニックがその企業再生の過程で新たに生み出した垂直立ち上げ戦略について，パナソニック以外の日本の主要企業での認知度，重要度，および実践度をアンケート調査により明らかにし，分析および考察することである。垂直立ち上げ戦略とは，新製品の売り上げをその発売と同時に急速に増加させて，売り上げと時間のグラフを描いたときに，売り上げの変化が垂直に上昇しているようにマネジメントすることである（図1-1参照）。

　中村邦夫社長が行ったパナソニックの一連の改革のなかで，本章の研究対象である垂直立ち上げ戦略が生み出され，実行された。この戦略の実践により，パナソニックの主要な商品のシェアや売り上げは向上し，利益向上に貢献し

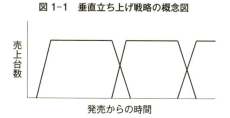

図1-1　垂直立ち上げ戦略の概念図

出所：筆者作成。

た。このように，垂直立ち上げはパナソニックの様々な改革とともにその業績
回復に大きく貢献した。よって，この垂直立ち上げを新しい戦略概念として研
究する価値があると考える。

　また，この戦略はパナソニックだけではなく普遍的な価値を持つと考えられ
る。今日，企業は世界的に市場対応のスピードアップがより求められており，
この戦略は重要である。特に最近苦境に陥っている家電を始めとする日本企業
が韓国や中国の企業との競争に勝ち抜くために，その優れた技術と商品企画を
これらの企業に模倣される前に，この戦略によりシェアと利益を確保すること
が必須だからである。また，この戦略は値引き合戦になる前に多くを販売する
ため，最近日本企業で問題となっている収益率向上に大きく貢献する。本章で
は，この戦略が日本の主要企業でどの程度認知されているか，そして各企業が
どの程度この戦略を重要と考えているか，さらにどの程度の企業がこの戦略を
実践しているかを，日経 225 社への郵送アンケート調査により明らかにして，
分析および考察を行う。

2. 先行研究

　ここでは，垂直立ち上げ戦略に関係の深い先行研究に関するレビューを行
う[1]。パナソニックは，従来からの 2 番手戦略を 1 番手戦略に変更し，製品の
競争のスピードが激しくなり，従来の新製品の立ち上げ方法では，1 番手のメ
リットを十分に生かせないために垂直立ち上げ戦略を提唱し，実行した。垂直
立ち上げ戦略に関係する理論として，マーケティング論や競争戦略論では，従
来から市場地位別競争理論（Kotler and Keller, 2006）が存在している。この理
論によれば，パナソニックは従来，フォロワーの戦略をとっていたことにな
る。しかし，パナソニックはこの理論におけるフォロワーの目的とされる企業
生存というより，リーダー企業の市場を奪い去るためにこの 2 番手戦略をとっ
ており，このことはこの理論とフィットしにくい。

---

1) 垂直立ち上げ戦略に関する先行研究の詳細なレビューについては，伊藤（2015）を参照されたい。

むしろ，パナソニックの従来の戦略と垂直立ち上げ戦略の議論は，革新性に関する商品戦略としてのリーダー戦略とフォロワー戦略の議論に相当する。すなわち，リーダー戦略は技術や市場において高い革新性を求める戦略であり，フォロワー戦略は，リーダー企業が新しい市場の開拓や新技術の導入に成功したのを確認したあとで，なるべく迅速に同じような商品を開発する戦略である（延岡，2006, p.169）。

リーダーの先行者優位性（Frist-Mover Advantages）とフォロワーの後発者優位性については古くから研究されてきた。Lieberman and Montgomery（1988, 1998）は，関連する先行研究をレビューして，これら両者の利点と弱点を整理した。その結果，先行者の利点は，(1)技術リーダーシップを発揮できる，(2)希少資源を占有できる，(3)買い手のスイッチングコスト，の3点であった。一方，後発者の利点は，(1)フリーライダー（ただ乗り）が可能，(2)技術や市場の不確実性を回避できる，(3)技術や顧客のニーズの変化への対応，(4)既存企業の慣性に付け入ることができる，であり，結論としては，両者のどちらが有利かは，技術や市場の性質にもより，どちらともいえない。

一般に，先行者が優位と思われがちだが，後発者の優位性を提唱する研究者も多い。Kotler and Keller（2006）は，多くの企業は，マーケット・リーダーに挑戦するよりも追随することを好むとし，Shenkar（2010）も後発者による模倣の優位性を強く主張している。特に，後発者は，従来から，追随の素速さが重要であると指摘されてきたが（Levitt, 1966），最近では，先行者にすぐに追随する後発者をファーストセカンド（First Second）と呼び，注目されている（Shenker, 2010）。このファーストセカンドは，先行者の利点を特に浸食する。垂直立ち上げ戦略は，この浸食を防ぎ，先行者利益を最大化するための新しい競争戦略である。なお，垂直立ち上げ戦略の実行には，企業に諸活動の素早い動きを要求する。その点で，Goldman et al.（1995）や Stalk and Hout（1990）など，素早い経営に関する研究も垂直立ち上げ戦略に関係があると考えられる。

また，垂直立ち上げ戦略と関係する製品開発論の先行研究として，コンカレントエンジニアリングやフロントローディングに関するものがある。しかし，これらは製品開発だけを対象にしたものであり，本章で議論する垂直立ち上げ戦略は，製品開発のみならず，この戦略を実現するためのマーケティング手法

を中心として，生産方法を含み，それらの全社的な統合までを対象とするものであり，この点で大きく異なる。以上のように，垂直立ち上げ戦略は，研究する価値があるといえる。

　ところで，パナソニックの当時の中村社長による企業改革に関する先行研究はいくつか存在している。伊丹他（2007）やMcInerney（2007）は，パナソニックの企業再生を記述しているが，そのなかで垂直立ち上げについて簡潔に紹介している。伊丹他（2007）は，2003年にパナソニックの液晶テレビで行われた，開発から生産，販売までが連動して一気に攻勢をかける戦術は，パナソニックで「垂直立ち上げ」と呼ばれている，と垂直立ち上げを紹介し（p.217），さらに，2005年に発売された液晶テレビでは，世界的で同時に発売して垂直立ち上げを行う「世界同時発売・垂直立ち上げ」が行われたと紹介している（pp.220-221）。一方，McInerney（2007）は，垂直立ち上げについて，大規模小売店に発売前に新商品の膨大な展示物を用意して，積極的な販売促進を行ったと紹介している（pp.156-158）。また，大薗他（2006）は，新商品を発売と同時に大量に売り約1カ月の間に一気に高いシェアを獲得するものと垂直立ち上げの概念を簡潔に説明し，これが2003年のパナソニックのDVDレコーダーの新製品で実践され，そのためにパナソニック社内の部門間での場の共有が存在したと主張している（pp.115-118）。

　しかし，これらの研究では，垂直立ち上げ戦略を主な研究対象としているわけではなくほとんどが垂直立ち上げの考えを簡潔に紹介し，それが行われたという記述に留まっている。よって，これらの研究は垂直立ち上げ戦略を本格的に扱っているとはいえない。

　一方，伊藤（2015）は，垂直立ち上げを戦略として取り上げて，パナソニックにおけるマネジメントを提示し，垂直立ち上げ戦略が製品横断的，部門横断的な全社戦略として実行されていることを示した。よって，垂直立ち上げ戦略の研究については，伊藤（2015）によるパナソニックにおける垂直立ち上げ戦略のマネジメントの提示しか存在せず，まだ研究の余地がある。特に，パナソニック以外の企業での垂直立ち上げ戦略の実際については未だ全く研究されていない。

　そこで，本章ではパナソニック以外の企業での垂直立ち上げ戦略の導入の実

態について明らかにしたい。なぜなら，すでにパナソニックが垂直立ち上げ戦略を提唱し，実施してから 10 年程度が経過し，この間にパナソニック以外の企業でもこの戦略の重要性について検討され，導入し，実践されている可能性が大きいからである。

よって，本章のリサーチクエスチョンは，(1) 垂直立ち上げ戦略が日本の主要企業においてどの程度，認知されていて，(2) どの程度自社にとって重要と考えられているか，そして，(3) どの程度の企業がこの戦略を取り入れて，実践しているか，を明らかにすることである。

3. 研究方法

本章のリサーチクエスチョンにしたがって，郵送アンケート調査を行った。アンケートは，日経 225 社の経営企画部門のマネジャーに対して 2013 年 9 月 27 日に送付した。日経 225 社を対象にした理由は，この中に広く様々な業種の企業があり，垂直立ち上げ戦略がそれぞれの業種においてどのように考えられているかを明らかにすることができること，日経 225 社は，一部上場企業のなかでも特に優良企業が多いこと，そして研究予算の制約上の理由である。やみくもに多くの企業に調査し，統計的に処理するよりも，日経 225 社を対象に絞って，その回答内容をその企業の業種やその企業名まで明らかにして，1 社ずつ分析し，考察したい。つまり，本アンケート調査の目的は，仮説の統計的な検証ではなく，実態の調査探索であり，この目的において，調査対象が 225 社で十分であると考える。

質問項目は，(1) 垂直立ち上げ戦略を知っているか，(2) 垂直立ち上げ戦略は御社にとって重要であるか，それはなぜか，そして，(3) 垂直立ち上げ戦略を実践しているか，どのように実践しているか，であり，それぞれ 5 段階の選択肢から回答してもらい，理由等を記述してもらった。

10 第 1 章 垂直立ち上げの認知度・重要性・実践度：アンケート調査による分析

4. 調査結果と分析

4.1 回答結果

　日経 225 社に郵送送付したアンケートのうち，回答を得られたのは 33 社であり，回答率は 15％であった。回答者はすべて各社の経営企画部門または経営戦略部門のマネジャーであった。その結果は表 1.1 の通りである。なお，質問票には生産方式に関する質問も含めたが，ほとんど回答記述がなかったため，これについては本章では触れないことにする。

　この回答率は，本アンケートが経営企画部門宛としたことにより，ある程度の件数が先方の担当者まで届かなかった可能性があること，何ら経済的なインセンティブを提供しなかったこと，企業の経営戦略という企業秘密に相当する内容であること，垂直立ち上げ戦略と全く関係のないような業種の企業も含んでいることから，一般的なアンケート調査の平均回収率 20％よりもやや下回ったものと考えられ，妥当な数値と考えられる。

4.2 垂直立ち上げ戦略の認知度

　回答した 33 社中，東海カーボン，高島屋，ANA，京王電鉄，第一生命，伊藤忠商事の 6 社以外の 27 社は垂直立ち上げ戦略を，よく知っているか，またはある程度知っていると回答していて，その割合は 82％と非常に高い認知度である。特に，メーカーでは 25 社中，東海カーボン以外は認知しており，メーカー企業においてはほとんど皆知っている状況である。

　つまり，垂直立ち上げ戦略は，メーカーを中心に，主要な日本企業において十分に知れ渡っている。

4.3 垂直立ち上げ戦略の重要度

　回答した 33 社中，21 社，つまり 64％の企業が自社にとって垂直立ち上げ戦略が重要またはある程度重要と考えている。特にメーカーでは 25 社中，18 社と 72％の企業が重要またはある程度重要であると考えている。

そのうち，消費財メーカーではホンダ以外のすべての企業が重要またはある程度重要と考えており，顕著な傾向である。自動車では三菱自動車は重要と考えているが，ホンダはどちらともいえないと考えており，発売時点を重視するか，ロングセラーを重視するかで，意見が分かれている

産業材メーカーでは，造船以外の，電気機器，建機，工作機械の各企業で，重要またはある程度重要と考えており，産業材メーカーにおいても垂直立ち上げ戦略が重要であることがわかる。なお，造船では，大型船の1個単位の受注生産のため，垂直立ち上げ戦略はなじまない。

材料メーカーでは，9社中5社と，半数の企業で重要またはある程度重要と考えている。これは材料を大量生産しているか，少量多品種の受注生産かにより，見解が分かれているためである。また，医薬品メーカーも1社の回答だが，重要と考えている。

一方，メーカー以外のサービス業では，多くの企業は重要と考えていないが，8社のうち，松井証券とANAホールディングスはどちらかというと重要と考えており，メーカー以外でも重要であると考える企業が存在する。

重要と考える理由はいくつかある。最も多いのは，マーケティングの効率化と利益の最大化（パイオニア，日本製紙，三菱自動車，三井金属）であり，類似のものとして，投資の早期回収（電気化学工業）がある。さらに，顧客ニーズに応える（アルプス電気），陳腐化のスピードに対応（三菱自動車），時代の変化が早い（日立建機）と外部の市場環境への対応の理由が存在する。つまり，垂直立ち上げ戦略を重要と考える理由は，(1)利益の最大化と(2)市場の早い変化への対応，の2つである。

一方，メーカーのうち，日立造船と日本製鋼所は，どちらも受注生産品のため，垂直立ち上げ戦略は馴染まないと答えている。

また，サービス業では，小売業にはなじまない（高島屋），保険商品の特徴上，利益構造上で困難（第一生命保険），総合商社には馴染まない（伊藤忠商事）と，垂直立ち上げ戦略がビジネス上，馴染まないとの理由が多いが，新サービスを始める際に各部門の力を合わせて取り組むため（松井証券），垂直立ち上げの考えがどちらかというと重要と考えている企業もあった。

12　第1章　垂直立ち上げの認知度・重要性・実践度：アンケート調査による分析

表 1-1　各社の垂直立ち上げ

番号	企業名	種類		認知度	重要度	重要度の理由
1	パイオニア株式会社	消費財メーカー	電気	知っている	重要	商品の発売とマーケティング訴求効率を考慮すると，一時期に集中して活動を行うことにはコスト面を含めて意味があることだと考えています。
2	アルプス電気株式会社	消費財メーカー	電気	知っている	重要	顧客ニーズに応えるため。いかに垂直立ち上げできるかは重要
3	株式会社日立製作所	消費財，産業材メーカー	電気	知っている	どちらかというと重要	
4	コニカミノルタ株式会社	消費財メーカー	事務機	知っている	重要	
5	旭化成株式会社	消費財，材料メーカー	化学，繊維，住宅，薬品	知っている	重要	
6	北越紀州製紙株式会社	消費財メーカー	紙	多少知っている	重要	
7	日本製紙株式会社	消費財メーカー	紙	知っている	重要	国内需要が減少する中で，また資産効率の最大化が求められる中で，時間をかけずにスムーズに新製品を立ち上げることは売上利益の維持拡大に不可欠と考えられる。
8	三菱自動車工業株式会社	消費財メーカー	自動車	多少知っている	どちらかというと重要	市場における陳腐化のスピードはボーダレス化の進展とともに早まっており，製品のモデルサイクルが短縮する中で，利益の極大化を図るためにも有効な戦略と考える。
9	本田技研工業株式会社	消費財メーカー	自動車	どちらともいえない	どちらともいえない	
10	富士電機株式会社	産業材メーカー	電気機器	知っている	どちらかというと重要	事業環境がめまぐるしく変化する中で，自社が描く戦を競合に模倣の時間，猶予を与えることなく展開するためには事業を垂直的にスピーディーに立ち上げ，業界ポジションを獲得することが重要。
11	コマツ	産業材メーカー	建機	多少知っている	どちらかというと重要	
12	日立建機株式会社	産業材メーカー	建機	知っている	重要	時代の変化が早いために立ち上げそのものを一度に早く行う必要性があるため。
13	オークマ株式会社	産業材メーカー	工作機械	多少知っている	どちらかというと重要	
14	三井造船株式会社	産業材メーカー	造船	多少知っている	重要でない	受注生産型の製品であり垂直立ち上げという戦略がマッチしない。
15	日立造船株式会社	産業材メーカー	造船	多少知っている	どちらともいえない	
16	日本化薬株式会社	医薬メーカー	医薬	知っている	重要	
17	東レ株式会社	材料メーカー	繊維	知っている	重要	
18	帝人株式会社	材料メーカー	繊維	知っている	どちらともいえない	
19	昭和電工株式会社	材料メーカー	化学材料	多少知っている	どちらかというと重要	
20	株式会社トクヤマ	材料メーカー	化学材料	知っている	どちらともいえない	
21	電気化学工業株式会社	材料メーカー	樹脂，化学	知っている	重要	投資の早期回収
22	三井金属工業株式会社	材料メーカー	金属	知っている	重要	ライフサイクルが短い製品領域があり，利益を早期に享受するため。
23	三菱マテリアル株式会社	材料メーカー	金属	多少知っている	重要	
24	株式会社日本製鋼所	材料メーカー	鉄鋼	多少知っている	重要でない	受注生産であり，顧客ごとに仕様が異なる製品を多く扱っているため。比較的数量が出る機種でも数千万円/台，数は出ない特注品だと数十億円/一式であり，全世界的に多数の在庫を持つにはリスクが大きすぎるため。
25	東海カーボン株式会社	材料メーカー	カーボン	知らない	どちらともいえない	
26	株式会社髙島屋	流通小売り	百貨店	あまり知らない	どちらともいえない	小売業にはあまりなじまない
27	コムシスホールディングス株式会社	電気工事		多少知っている	どちらかというと重要でない	当社は純粋持ち株会社であり，主たる事業は行っていないため，又，当社の傘下にある構成会社群の実態は建設業であることから，本戦略を活用するに至らないため。
28	第一生命保険株式会社	金融	生命保険	あまり知らない	どちらかというと重要でない	保険商品の特徴上および保険会社の利益構造上困難。（たとえば保険商品は顧客への商品説明が重要であり，一気呵成の商品PRにより説明が不十分となり，後後の苦情につながる恐れがある。）
29	MS&AD インシュアランスグループホールディングス	金融	損害保険	知っている	どちらともいえない	
30	松井証券株式会社	金融	証券	多少知っている	どちらかというと重要	当社のビジネスは証券仲介業のため商品を扱ってはいないが，新サービスを始める際は各部の力を合わせて取り組むため。
31	伊藤忠商事株式会社（注）	商社	総合商社	あまり知らない	どちらともいえない	総合商社である当社には同戦略そのものがあまり馴染まない。
32	京王電鉄株式会社	運輸	鉄道	あまり知らない	重要でない	
33	ANA ホールディングス	運輸	航空	知らない	どちらかというと重要	

注：伊藤忠商事を代表した回答ではない。
出所：筆者作成。

4. 調査結果と分析　　*13*

戦略の認知度，重要度，実践度

実践度合い	どのように実践しているか
一部で実践している	夏の商戦期に新商品発売と同時に新商品発表会を全国で行い，流通を招いて商品の認知活動を行い，その場で受注活動も行います。広告や店頭プロモーション施策も同時にその場でスタート地点として活動を開始し，夏の商戦期の売上げ拡大を図る活動を例年行っております。
実践している	設備の汎用化推進。すべての汎用化は困難だがベースを標準化し，上モノをそれぞれ対応する形で立ち上げL/Tを短縮。また，グローバルすべてのラインを個別ではなく全体管理し使い回しを行っている。
どちらともいえない	
実践している	新製品導入時の世界同時発売など。
一部で実践している	新工場立ち上げ時にカスタマーの立ち上げ計画と同期させて，工事立ち上げを行っている。
一部で実践している	新設備の稼動にあたり，全社員の意識を集中させるために使っている。
どちらともいえない	
一部で実践している	生産ラインでの立ち上がりカーブ（日別生産品数）の設定と立ち上がり後の能力確保（人量），立ち上がり時点における集中広告宣伝，発売日前の戦略在庫設定。
どちらともいえない	
一部で実践している	拡大を狙っている市場（地域）において，自社の販路・生産拠点といった経営資源が不足していたため，当該地域にある企業を買収し垂直立ち上げを行った。
一部で実践している	他社に対し，圧倒的な技術優位性があり，かつ戦略的に極めて重要と思われる商品については，特定の地域に各部門の経営資源を集中し，売上を短期間で増加させる戦略を取る場合があります。
実践している	海外の生産工場の設立時。
どちらともいえない	
全く実践していない	
あまり実践していない	
実践している	
実践している	設備の新増設計画を発案通りに実行し，収益見通しの確実な実現やリスク低減を図る。
どちらともいえない	
一部で実践している	もともとの垂直立ち上げ戦略とは，マーケティング手法の一つとして始まったものだと思いますが，事業の早期立ち上げに加え，定期修繕後の工場の垂直立ち上げ，新規設立委員会の垂直立ち上げ，というように関連部署間の連携，共同を強化することにより，早期に効果をあげていくことを意識し，本用語を当社では使用しています。
あまり実践していない	
どちらともいえない	
どちらともいえない	
どちらともいえない	弊社では，セメント，銅などの基礎素材から超硬工具，電子デバイスなどの部材・部品など多様な製品を製造しております。セメント，銅精錬は大型の装置産業であり，垂直立げにはなかなかなじみにくいところがあります。
全く実践していない	
全く実践していない	
あまり実践していない	
全く実践していない	
あまり実践していない	
全く実践していない	
どちらともいえない	
全く実践していない	
全く実践していない	メーカー各社とはマーケティング手法，マネジメント手法が異なるため，鉄道業においてはこの戦略を活用する場面はおそらくないと思います。
全く実践していない	

4.4 垂直立ち上げ戦略の実践度

　回答した33社中，12社，つまり36％の企業が，垂直立ち上げ戦略を，実践している，または一部で実践している，と回答した。これは対象企業が様々な分野の企業であることを考慮すると，主要な日本企業において垂直立ち上げ戦略の導入がかなり進んでいると考えられる。

　実践している，または一部で実践していると回答した企業はすべてメーカーであった。つまり，メーカー25社中，12社，つまり48％で実践または一部で実践しているのである。メーカーの約半数が何らかの形で垂直立ち上げ戦略を実践しており，かなりその導入が進んでいると考えてよいであろう。

　特に消費財メーカーでは9社中6社で，実践または一部で実践している。これは相当に高い比率である。産業材メーカーでは6社中3社が，実践または一部で実践となっている。また，医薬品企業でも実践されている。

　しかし，材料メーカーでは9社中2社にとどまり，材料メーカーでは，その重要度は認知されているものの，あまり垂直立ち上げ戦略が実践されているとはいえない。また，非メーカーに実践している企業は存在しない。

4.5 垂直立ち上げ戦略の実践の仕方

　では，実践していると回答した企業は，どのように垂直立ち上げ戦略を実践しているのであろうか。まず，経営戦略面では，「他社に対し，圧倒的な技術優位性があり，かつ戦略的に極めて重要と思われる商品については，特定の地域に各部門の経営資源を集中し，売上げを短期間で増加させる戦略を取る場合があります」（コマツ）である。このように垂直立ち上げ戦略をグローバル経営の視点で実践している。

　マーケティング面では，「夏の商戦期に新商品と同時に新商品発表会を全国で行い，流通を招いて商品の認知度活動を行い，その場で受注活動を行います。広告や店頭プロモーション施策も同時にその場でスタート地点として活動を開始し，夏の商戦期の売上げ拡大を図る活動を例年行っています」（パイオニア）と垂直立ち上げ戦略をマーケティング中心に常に実践している。また，「新製品導入時の世界同時発売」（コニカミノルタ）とやはりグローバルなマーケティングでの実践や，「拡大を狙っている市場（地域）において，自社の販

路・生産拠点といった経営資源が不足していたため，当該地域にある企業を買収し，垂直立ち上げを行った」（富士電機）といった企業買収も含めた垂直立ち上げ戦略の実践も行われている。

さらに，工場や生産の面では，「新工場立ち上げ時にカスタマーの立ち上げ計画と同時させて，工事の立ち上げを行っている」（旭化成）や，「設備の新増設計画を発案通りに実行し，収益見通しの確実な実現やリスク低減を図る」（東レ）といった形で実践されており，さらに具体的に「設備の汎用化推進。すべての汎用化は困難だがベースを標準化し，上モノをそれぞれ対応する形で立ち上げL/Tを短縮。また，グローバルすべてのラインを個別ではなく全体管理し使い回しを行っている」（アルプス電気）となっている。さらに，「新設備の稼働にあたり，全社員の意識を集中させるために使っている。」（北越紀州製紙）と精神的な視点や意味まで含んでいる。

あと，生産とマーケティングの両方の視点からの回答もあった。「生産ラインでの立ち上がりカーブ（日別生産数）の設定と立ち上がり後の能力確保（人量），立ち上がり時点における集中広告宣伝，発売日前の戦略在庫設定」（三菱自動車）というものである。

以上のように，経営戦略面，マーケティング面，生産面，およびこれらの総合的な点で各社は，垂直立ち上げ戦略を実践している。

5. 考察および結論

本章では，日経225社に郵送アンケート調査を行い，垂直立ち上げ戦略の認知度，重要度，および実践度について，33社から回答を得て，その結果について説明を行った。

回答企業の82%の企業が，垂直立ち上げ戦略を，よく知っているか，またはある程度知っていると回答していて，非常に高い認知度であった。特に，メーカーでは25社中，東海カーボン以外は認知しており，日本の主要なメーカー企業においてはほとんど皆知っている状況である。つまり，垂直立ち上げ戦略は，メーカーを中心に，主要な日本企業において十分に知れ渡っている。

また，64％の企業が自社にとって垂直立ち上げ戦略が重要またはある程度重要と考えていた。特にメーカーでは72％が重要またはある程度重要であると考えており，消費財メーカーではホンダ以外のすべての企業が重要またはある程度重要と考えていた。つまり，消費財メーカーを中心に，メーカーでは，ほとんどの主要企業が重要と考えている。

垂直立ち上げ戦略を重要と考える理由は，(1) 利益の最大化と (2) 市場の素早い変化への対応，の2つであった。前者については，すでに言われてきたことであったが，後者については，改めて確認できた事実である。

さらに，36％の企業が垂直立ち上げ戦略を，実践している，または一部で実践していた。つまり，主要な日本企業において垂直立ち上げ戦略の導入がかなり進んでいると考えられる。特に，メーカーでは，48％の企業で，実践している，または一部で実践していると回答しており，メーカーを中心にかなり導入が進んでいると考えてよい。

特に，経営戦略面でもマーケティング面でもまた生産面でもグローバルな視点で垂直立ち上げ戦略を実践している企業のコメントが多かった。これは，垂直立ち上げ戦略が，世界的に展開されている証拠である。

以上により，垂直立ち上げ戦略が日本の主要企業で十分に認知されていること，そしてほとんどの企業で自社の戦略上，重要と考えられていること，そして，多くの企業でその戦略が実践されていることが明らかになった。

特に，消費財メーカーではこの傾向が顕著であり，産業材メーカーや材料メーカーでもある程度，この傾向がある。しかし，サービス業では，あまり重要と考えられていないし，実践もされていない。これらが垂直立ち上げ戦略の現状である。

特に，材料メーカーでも重要と考えられていることは興味深い。やはり，消費財メーカーや産業材メーカーの垂直立ち上げ戦略の導入，実践により，材料メーカーも連携して取り入れる必要があるのだろう。

この調査結果にはいくつかの問題点や限界がある。まず，メーカーでも，食品系，飲料系，アパレル系からの回答が得られなかった。しかし，大きな流行があるこれらの業種では，垂直立ち上げ戦略は重要なのではないかと考えられる。

また，流通，小売り，およびサービス業での回答がとても少なかったため，十分に実態を明らかにできなかった。回答が得られなかったということは暗にこの戦略に興味がないということも考えられるが，これらの業種では，より一層，経営戦略は企業秘密なのかもしれない。

しかし，製造業が販売した新製品を，流通させ，店舗で販売するという役割を考慮すると，これらの業種でも垂直立ち上げ戦略はある程度，重要とも考えられる。特にコンビニエンスストアでは需要変動に敏感に対応することから，この戦略と関係が深いのではないかと考えられる。

次章では，この垂直立ち上げ戦略をパナソニック以外で国内で実際に実践しているうち，特徴的な事例であるアイリスオーヤマの事例の詳細を明らかにして，分析・考察を行う。

第2章
垂直立ち上げ戦略のマネジメント：
アイリスオーヤマの事例

1. はじめに

　前章では，垂直立ち上げ戦略の日本企業での認知度，重要性および実践の状況を示した。これに続く本章の目的は，垂直立ち上げ戦略の実践のマネジメントについて，先端事例としてアイリスオーヤマを調査分析して，そのマネジメントの特徴と成功要因を明らかにすることである。垂直立ち上げとは，新製品の企画と開発を迅速に行い，その売上げを新製品の発売と同時に急速に増加させて，売上げの時間変化が垂直に上昇するようにする戦略である。

　パナソニック（当時の企業名は松下電器であるが，以下パナソニックと記す）の中村邦夫元社長が行った一連の改革の中で，本章の研究対象である垂直立ち上げという戦略が提唱され，実行された。この戦略の実行により，パナソニックの主要な商品のシェアと売上げは向上し，利益向上に貢献したとされており，垂直立ち上げ戦略は研究する価値があると考えられる。

　さらに，この戦略は他の企業においても実践されて，普遍的な価値を持つと考えられる。今日，企業は世界的に市場対応のスピードアップがより求められており，このようなスピードを重視する戦略は重要である。苦境に陥っている家電分野などの日本企業が韓国や中国の企業との競争に勝ち抜くために，優れた技術と商品をこれらの企業に模倣される前に，この戦略によりシェアと利益を確保することが必須だからである。また，この戦略は値引き競争になる前に多くを販売するため，日本企業にとって問題である収益率向上に貢献する。

　ところで経営戦略に関する研究は，理論的分析と統計分析による因果関係の

実証が研究手法として主流となっているが，これらの研究成果が企業における経営戦略の実務と乖離し，必ずしも実務に役立っていないという反省がある（Johnson et al., 2012）。そこで，経営戦略の実践や実行のマネジメントに着目して，これを詳細に調査分析し，そこから企業の経営戦略の実務に有効な知見の獲得と理論化を試みるという「実践としての戦略」すなわち SAP 研究（Strategy as Practice）が欧州から生まれ，世界的に大きな動向の1つになっている[1]。

よって，本章では，垂直立ち上げ戦略の実践面でのマネジメントに注目して，垂直立ち上げ戦略を提唱・実行したパナソニック（伊藤, 2015）以外の企業の事例として，この戦略の実践のマネジメントの先端事例を詳細に調査分析することで[2]，この戦略を実践するうえで有効な新たな知見を明らかにし，その特徴や成功要因などを見出したい。

対象とするのは，アイリスオーヤマである。その理由は，同社がスピードを重視した経営を行い，垂直立ち上げ戦略を実践しているため，パナソニックよりもこの戦略の実践に関して先端的なマネジメントを行っていると考えられるからである。そのため，アイリスオーヤマ独自のマネジメントがあり，垂直立ち上げ戦略実行の成功の要因を分析できると考えられる。

2. 垂直立ち上げ戦略の概念と先行研究

本節では，垂直立ち上げ戦略に関係の深い先行研究のレビューを行う。なお，事例として取り上げるアイリスオーヤマに関する先行研究のレビューは第5節で行う[3]。なお，これらのうち，以降の垂直立ち上げ戦略に関係の深い先行研究については，筆者の以前の研究（伊藤, 2015）で示した先行研究のレ

---

1) SAP に関する先行研究のレビューについては，Vaara and Whittington（2012）を，SAP に関する詳細な説明は，Johnson et al.（2012）を参照のこと。

2) 先端事例を対象として事例研究を行う重要性や意義については，田村（2006）を参照のこと。また，SAP 研究では，主体間の認知や主体間の相互作用等までを深く明らかにすることを目指しているが，本章ではそこまでは行っていない。

20　第2章　垂直立ち上げ戦略のマネジメント：アイリスオーヤマの事例

ビューをベースにして，再度レビューする。

　パナソニックは，従来は2番手戦略を得意としてきたが，1番手戦略を活かすために垂直立ち上げ戦略を実行した。マーケティング論における市場地位別の競争戦略論（Kotler and Keller, 2006）において，フォロワーの目的は企業生存であるが，従来のパナソニックはリーダーの市場を奪うフォロワーであった。むしろ，パナソニックの従来の戦略は，革新性に関する商品戦略論でのフォロワー戦略（延岡，2006, p.169）であった。このリーダーの先行者優位性（Frist-Mover Advantages）とフォロワーの後発者優位性の研究の中で，Lieberman and Montgomery（1988, 1998）は，両者の利点や弱点を整理している。

　一般に先行者が優位と思われるが，Kotler and Keller（2006），Shenkar（2010）および Levitt（1966）は，後発者の優位性を指摘している。特に，Shenkar（2010）は，素早い追撃者をファーストセコンド（First Second）と呼んだ。垂直立ち上げ戦略は，この追撃を防ぐための新しい競争戦略である。

図2-1　パナソニックにおける垂直立ち上げ戦略のマネジメントの要点

全社的経営戦略 （社長と経営企画部門）	垂直立ち上げ戦略の実施と実現 対象とするV商品の選定 組織改革（事業部の変更と マーケティング本部の設置） サプライチェーンマネジメント のIT投資 系列小売店の強化	マーケティング戦略 （マーケティング本部）	製品 価格 プロモーション チャネル （店舗）	優れた商品企画と開発 高価格を維持 発売前から広報，CM，店舗で集中実施 発売前から多くの店舗で積極展開
			迅速なマーケティング実現のためのコンカレントワークス 強い権限 逆算のマーケティングによる日程計画 需要予測	
		製品開発 （事業部の開発部門）	優れた製品開発 迅速な製品開発 チャネル コンカレントエンジニアリング 3DCAD等による複数開発部門と生産組織との連携 プロジェクト管理手法	
		製品生産 （工場）	発売時への素早い需要対応の生産体制 高度なセル生産システム 生産ツールの開発 ベテラン工員	

出所：伊藤（2015）。

3）垂直立ち上げ戦略に関して，これを最初に提唱したパナソニックの過去の経営理念や戦略，パナソニックの垂直立ち上げ戦略に関連する先行研究，垂直立ち上げ戦略に関係するコンカレントエンジニアリング，フロントローディング，製品の普及理論などの先行研究のレビューについては，本章では紙面の都合上記述しないが，垂直立ち上げ戦略に関する先行研究である伊藤（2015）に詳しいので，参照のこと。

2. 垂直立ち上げ戦略の概念と先行研究　*21*

表 2-1　垂直立ち上げ戦略と水平立上げ戦略の比較

	垂直立ち上げ戦略	水平立ち上げ戦略
メリット	短期間による売上げと利益の確保の競争優位性 先行者利益の最大化，機会損失なし	ローリスク，低コスト
デメリット	ミドルリスク，高コスト	ライバルとの競争，価格競争 先行者優位性小さい，機会損失あり
マネジメントの特徴や条件		
1. リスクとリターン	ミドルリスク，ハイリターン	ローリスク，ローリターン
2. 商品の種類	短期間ヒット商品向き	ロングセラー商品向き
3. 商品企画	優れた商品企画が必要	通常の商品企画
4. 意思決定	事前の戦略的意思決定（V 対象商品として）	通常の商品企画の意思決定
5. 開発方法	全業務領域でのコンカレントワークスとフロントローディング	リニアプロセス[注]
6. 生産システム	生産システム（特にセル生産）との高度な連携	通常の生産システム（コンベヤ式やJIT 式）
7. マーケティング	集中的マーケティング	通常のマーケティング
8. 販売予測	高度な販売予測	通常の販売予測
9. 店舗での販売	店舗での事前の予約や工夫，推奨販売	店舗での通常の販売
10. 発売後のフォローや改良	アフターフォローと製品改良が困難	アフターフォローと製品改良が容易
11. IT投資	サプライチェーンマネジメントのための積極的な投資が必要	通常レベルの投資

注：製品の開発に必要な各段階を，その順序で実現していくプロセスのこと。
出所：伊藤（2015）。

　なお，Goldman et al.（1995）と Stalk and Hout（1990）の素早い経営に関する研究も，垂直立ち上げ戦略の前提にある。また，コンカレントエンジニアリング[4]とフロントローディング[5]は，製品開発だけを対象にしたものであり，様々なマーケティング手法を中心として，プッシュ型の SCM[6]による生産方法までを含む垂直立ち上げ戦略とは，異なるといえる。

4）　コンカレントエンジニアリングとは，製品開発プロセスにおいて複数の工程を同時並行に進め，開発期間を短縮する方法のことである。
5）　フロントローディングとは，製品開発プロセスにおいて初期の工程に労力や資源を多く投じて，作業を前倒しで進めることである。
6）　プッシュ型のSCM（サプライチェーンマネジメント）とは，実需に基づかない見込み生産のことである。

以上のように，垂直立ち上げ戦略に関係の深い先行研究のレビューから，垂直立ち上げ戦略は，研究する価値があるといえる。伊藤（2015）は，パナソニックの垂直立ち上げ戦略のマネジメントを調査分析し，垂直立ち上げ戦略が，複数の製品を横断し，また商品開発，マーケティング，開発，生産の部門横断の協力のもとで全社的にマネジメントされる経営戦略であることを図 2-1 に示すように明らかにし，そのマネジメントの特徴や条件を，従来のものを水平立ち上げ戦略として，表 2-1 に示すように比較して提示した。

しかし，パナソニック以外の企業における垂直立ち上げ戦略の実践のマネジメントについては，いまだ明らかになっていない。前述のように実践としての戦略研究，つまり SAP 研究が重要視されている中で，他の企業で実践されているこの戦略の実践の独自のマネジメントを明らかにすることは，この戦略の理解を深めるために重要である。特に，スピード経営を重視している企業における垂直立ち上げ戦略の実践の先端事例を取り上げることで，パナソニックにはないこの戦略の実践のマネジメントに関する新た知見を見出すことができるだろう。

3. リサーチクエスチョン

以上より，本章のリサーチクエスチョンは，垂直立ち上げ戦略の実践のマネジメントの先端事例を調査分析して，この戦略の実践の特徴的なマネジメントと成功要因を明らかにすることである。そのため，アイリスオーヤマの事例を対象とする。

4. 研究方法

研究方法は，先端事例の定性的単一事例研究である。調査対象として，アイリスオーヤマを取り上げる。

質問内容は，アイリスオーヤマで垂直立ち上げ戦略が，どのように実践さ

れ，マネジメントされているのかである。特に，その独自のマネジメントについて詳しく質問を行った。

これらの質問について，アイリスオーヤマの各部門の幹部社員 7 名へインタビュー（合計 9.5 時間）を行い，2 次資料を収集して，調査分析を行った。2 次資料による調査結果は，第 5 節にアイリスオーヤマの概要と経営の特徴として記述し，インタビュー調査の分析結果は，第 6 節以降にこの戦略の実践のマネジメントについて，新商品の企画の発端から，開発，発売とその後の営業活動までの一連の時系列的な業務のプロセスにしたがって記述を行った。すなわち，この第 6 節以降の事例の記述の事実は，すべて次のインフォーマントへのインタビューにより得られたものである[7]。

また，これらのインタビューの後，電子メールにて数回程度の追加質問を行った。インタビューは，IC レコーダーに録音し，後に文書化して（A4 用紙合計 220 ページ），分析を行った。

5. アイリスオーヤマの概要と経営の特徴

実務家やアイリスオーヤマの経営者によって，アイリスオーヤマのマネジメントを紹介した以下に挙げる著作が存在する。

鶴蒔（1993）は，アイリスオーヤマを紹介した最初の書籍であり，主にアイリスオーヤマの歴史と当時のマネジメントの概要，および当時の主力商品の開発事例などが記述されている。たとえば，メーカーベンダー，ユーザーインの商品企画，最初に価格ありきの商品開発が紹介されている。大山・小川（1996）

---

7) インフォーマントは，次の通りである。① アイリスオーヤマ，人事部，部長，倉茂基一氏，2013年 7 月 17 日午後 2 時 30 分から 3 時 30 分，山形大学にて。② 同，家電開発部，マネジャー，原英克氏，2014 年 1 月 17 日午後 3 時から 4 時 30 分，アイリスオーヤマ角田事業所にて。③ 同，家電事業部，事業部長，石垣達也氏，2014 年 1 月 21 日午後 3 時から 4 時 30 分，角田事業所にて。④ 同営業本部，東京支店，支店長，北尾利徳氏，2014 年 1 月 27 日午後 2 時から 3 時 30 分，アイリスオーヤマ東京オフィスにて。⑤ 同家電量販営業部，統括部長，阿部裕之氏，2014 年 1 月 27 日午後 3 時 30 分から 5 時，アイリスオーヤマ東京オフィスにて。⑥ 同ホーム事業部，統括事業部長，山田次郎氏，2014 年 2 月 7 日午前 9 時から 11 時，角田事業所にて。⑦ 同本部工場長兼角田工場長，清野寿生氏，2014 年 2 月 20 日午後 2 時から 4 時，角田事業所にて。

は，アイリスオーヤマのマネジメントのメーカーベンダーの業態の説明，独自の商品開発マネジメント，生産と物流の統合システムについて詳しく説明されている。さらに，大山（2001）はこの当時，アイリスオーヤマの主な市場であったホームセンターを通じた日用品のマーケティングや販売管理を説明している。

しかし，これらの書籍は，現在のアイリスオーヤマのマネジメントとは異なっており，最新の調査分析が必要である。たとえば，アイリスオーヤマの主流事業である家電事業やLED事業についてはまだ参入以前として説明はない。一方，三田村（2012）は，大山（2010）と共にアイリスオーヤマの主なマネジメントについて簡潔に説明している。また，大山（2013）では，アイリスオーヤマの経営の要点について説明されている。さらに，日経トップリーダー（2012a，2012b）ではアイリスオーヤマの商品開発会議の詳しい様子についてスピード経営の視点から説明されている。

以上の著作と記事から得られるアイリスオーヤマの経営やマネジメントの概要と特徴は，次の通りである。

5.1　アイリスオーヤマの企業概要

アイリスオーヤマは，1958年に大阪で創業した大山ブロー工業所が始まりであり，1964年に現在の社長，大山健太郎氏が社長に就任して，1972年に大山ブロー工業株式会社に，その翌年に仙台工場を設立し，1986年に社名をオーヤマに変更，1989年に本社を仙台市に移転し，1991年にアイリスオーヤマの社名になった。その後，国内外に工場を設置し，積極的に多角化を進めてきた。2013年で社員2,610名，売上げ1,100億円，グループ売上2,500億円の企業規模である。

5.2　アイリスオーヤマの経営の特徴

アイリスオーヤマの経営の特徴は，次の通りである[8]。まず，①スピード経営を重視していることである，よって，本章の論点である垂直立ち上げ戦略を

8）この部分の記述は，大山（2010，2013）および三田村（2012）の情報による。

全社的に実行しやすいマネジメントになっている。② 新商品点数が年間で約1,000 点と非常に多く、さらに、③ これらの新商品は、商品開発会議（別名プレゼン会議）と呼ぶ新商品や事業に関連する企画や報告などをすべて行う毎週月曜日に行われる社長以下幹部全員が参加する会議で決定することである。そして、④ その新商品にはニッチ商品が多く、大手メーカーと違い、単機能や低価格訴求などで市場を棲み分けている。⑤ 商品企画はユーザーインと呼ぶ開発者が生活者の視点に立ち、そこから生まれる潜在ニーズの掘り起こしによる企画や開発が多い。⑥ 商品の価格は、原価積み上げのコストアップ方式でなく、顧客が購入しやすいと想定する価格を決めて、そこから機能を絞り込む、引き算方式で決定する。⑦ アイリスオーヤマはメーカーであるとともに、卸売業、すなわち問屋機能も併せ持つメーカーベンダーである。⑧ プラスチック製品からホームセンターの日用品に大きく展開し、さらにペット用品、白物家電製品、LED 電球、飲料、米まで積極的に非関連多角化を行ってきた。

6. アイリスオーヤマにおける垂直立ち上げ戦略の実践の事実

　本節では、本章の論点である垂直立ち上げ戦略をアイリスオーヤマで実践している事実を、本章でのインタビューにより得られた情報により記述する。

6.1　アイリスオーヤマで垂直立ち上げ戦略を実践している事実

　アイリスオーヤマでは、垂直立ち上げ戦略を実践している。実際に商品開発会議で、「この商品は機能的に面白いので発売と同時に垂直立ち上げを仕掛けようか」という話が頻繁に出る。たとえば、「私（家電事業部長）から『垂直立ち上げをしたいので、この時期の期間 TVCM 枠を空けてほしい』と発言し、経営陣からも『この商品は面白いね、もっと積極的に仕掛けろ、X デーを決めて垂直立ち上げをやったらいいじゃないか』と投げかけられる」（石垣氏）。また、営業部門の会議でも、「垂直立ち上げで一気に導入してくださいという話や掛け声になる」（阿部氏）。このように、各部門で垂直立ち上げ戦略が明言され、実行されている。

図 2-2　垂直立ち上げ戦略でない商品 IH コンロ売り上げ実績

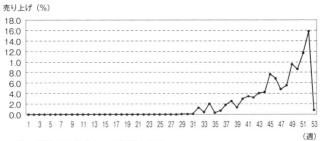

注：横軸は発売時からの経過した週
出所：アイリスオーヤマより入手。

図 2-3　垂直立ち上げ戦略を実施した商品充電スティッククリーナー売り上げ実績

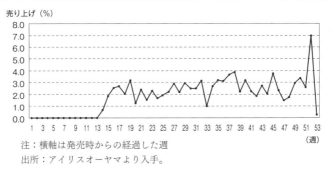

注：横軸は発売時からの経過した週
出所：アイリスオーヤマより入手。

　実際にアイリスオーヤマで垂直立ち上げ戦略を実行した商品と実行しない商品について，その売上げ実績の例を，図 2-2 と図 2-3 に提示した（アイリスオーヤマから入手）。図 2-2 は，垂直立ち上げ戦略の対象外の商品の 1 つで，2013 年に新発売（発売日 34 週目）をした IH コンロ商品のアイリスオーヤマからの出荷実績の推移であり，垂直になっていない。

　一方，図 2-3 は，垂直立ち上げ戦略を実行した商品で，同じく 2013 年に新発売をしたスティック充電クリーナーの出荷実績の推移であり，発売時（16 週目）の直前から垂直に立ち上がっていることがわかる。グラフの横軸の単位は週であり，2013 年の 1 月 1 日から 12 月 31 日までの期間である。縦軸はその商品の売上げであり，単位は年間売上総額を 100％とした割合である。なお，これはアイリスオーヤマ出荷ベースの実績であるが，アイリスオーヤマでは問屋

を介さずに店舗に商品を納入しており，最小の店頭在庫となるマネジメントを行っているため，販売実績とほぼ同一の実績になっている。

　以上のように，関係者の証言とこれらのグラフから，アイリスオーヤマでは垂直立ち上げ戦略を実行し，その実績があるといえる。

6.2　アイリスオーヤマにおける垂直立ち上げ戦略の利点とデメリット

　アイリスオーヤマにおいて，垂直立ち上げ戦略を実行するメリットは，第一に，この戦略を用いて新商品を発売することにより，より大きな売上げを実現できることである。

　また，このように一気にプロモーションを行うために，商品の顧客への認知が高まり，新商品を啓蒙でき，そのコンセプトの理解が得られやすい。特に，コンセプト型の新商品では，垂直立ち上げ戦略を実施しなければ啓蒙できないため，顧客に理解されず，売上げがほとんど上がらなくなることから，利点というより垂直立ち上げ戦略は必須である。

　さらに，この戦略を実施しTVCMを行い，売上げランキングが上がれば，店舗側もその商品を扱わざるを得なくなり，これまで扱いがなかった店舗も含めて導入店舗数がとても多くなり，営業活動にとっても利点がある。

　これら以外にも，迅速に新商品の企画や開発を行うことにより，競合他社よりも発売時期を早期に実現できることも，他社に比べて非常に有利である。この戦略の他の利点として，この戦略を継続して行ってきて，消費者や顧客からのアイリスオーヤマのブランド認知やそのイメージが大きく向上してきたこともある。したがって，市場要因からみればアイリスオーヤマが垂直立ち上げ戦略を実施しないメリットはない。

　以上のように，アイリスオーヤマにとって垂直立ち上げ戦略には，単に売上げが大きくなるという利点だけでなく，様々な利点がある。

　一方，垂直立ち上げ戦略のデメリットは，在庫リスクである。この戦略を実施するために，どうしても在庫を多く持つ必要があるため，失敗のときにそのリスクがある。特に，店頭に導入するまでは営業として行えるが，それが実売につながらない場合にはデッドストックになる。しかし，アイリスオーヤマは，在庫リスクよりも機会ロスを避ける方を重視している。また，この戦略を

実施すると費用が多くかかるために，それを実施しないニッチの新商品に比べると，利益率が低くなる。しかし，ニッチ商品では垂直立ち上げ戦略を実施するときのような大きな売上げは得られない。

7. アイリスオーヤマでの垂直立ち上げ戦略の実行のマネジメント

　本節では，前節でのアイリスオーヤマにおける垂直立ち上げ戦略の実践の事実に基づき，どのようにこの戦略を，事業部門[9]，開発部門[10]，営業部門[11]，生産部門[12]，物流部門[13]と横断的に全社的に実行していくのか，そのマネジメントについて，業務の時系列的なプロセスに沿って説明する。

---

9) アイリスオーヤマの事業部の組織と業務は，次の通りである。アイリスオーヤマには，ペット・園芸（約20名），家電（約30名），ホーム（約20名），ヘルスケア（約10名）の4つの事業部がある。事業部の仕事は，事業に関わる一連の新商品のマーケティングリサーチ，商品企画，商品開発，事業計画やマーケティング計画の立案と実施などである。プロモーションの計画やTVCMの絵コンテの作成までも行い，商品の粗利や在庫の決定も行う。新商品が開発できると，問屋部門，営業部門に引き渡し，営業と並行して，事業部でプロモーションなどを実施する。

10) アイリスオーヤマの開発部門の組織と業務は，次の通りである。開発活動は，研究開発本部の商品開発部で行われ，家電開発部（約40名），LED開発部（約40名），ホーム開発部（約20名）の3つの組織がある。研究開発本部には他に特許部，応用研究部，品質管理部，生産技術部があり，約300名の組織である。開発部では，マーケティング調査，商品企画，設計，生産部門との調整，商品の検査，技術開発などを行っている。事業部と同様に，商品企画や商品開発では，毎週月曜日の全社的な商品開発会議に提案して，承認を得て進めていく。この会議で開発部から提案する商品企画が承認されると，事業部と共に，コスト，投資額などの詳細設計とマーケティングや販売戦略を計画して，再度，商品開発会議でこれらの承認をもらい，実際に投資をして開発や生産との調整をさらに進めていく。開発部では具体的な設計を行い，試作品を作成し，金型を作り，工場と調整する。また，これと並行してパッケージや取扱説明書など商品づくりのすべてを行う。

11) アイリスオーヤマの営業組織と業務は，次の通りである。アイリスオーヤマは，メーカー機能と問屋機能を両方持つメーカーベンダー業態に特徴があり，営業を行う営業本部は，問屋機能のなかにある。つまり，メーカー事業部と営業本部に組織が大きく分かれている。得意先は，全国のホームセンター，イオンやイトーヨーカドーなどのGMS（総合スーパー）業態，家電量販店，大手専門店などである。営業本部では，これらの得意先を担当して，一人ひとりが全商品について直接営業を行い，あるいは店頭でその販促員をつけて売っていく。営業本部に，営業社員が約300名，全国のホームセンターやGMSの店頭で推奨販売を担当するセールスエイドスタッフ（SAS）というパート社員が600名，国内で合計約1,000名の組織である。なお，家電量販店向けの営業では，営業社員以外にラウンダーと呼ばれる店頭を巡回する契約社員がいる。

7.1 垂直立ち上げ戦略の対象商品と基準

アイリスオーヤマで垂直立ち上げ戦略の実行の対象となる商品は，世の中にまだ存在しないソリューション型や新しいコンセプト提案型の新商品であり，既存商品の置き換えや改善型の新商品は対象とならない。これは，そのような種類の新商品は，顧客に受け入れられると大きな売上げが見込めるとともに，そのためには顧客に商品を理解してもらう TVCM や店頭販促などの啓蒙活動が必須だからである。

売上げ規模としては，単品で年間10億円以上の売り上げが見込める商品が1つの目安であり，実際の商品点数としては年間の新商品 1,000 アイテムのうち20点，つまり2%程度である。そして，実際に1万店舗以上に導入できる，ないし導入するような新商品をその対象と考えている。なお，比較的単価の高い商品の方が，垂直立ち上げ戦略の対象になりやすい。なぜならば，単価が高く，大きな利益を見込めると，垂直立ち上げ戦略で多くのプロモーション費用を捻出できるからである。

7.2 商品企画と商品開発会議での集中的かつ迅速な商品化決定

アイリスオーヤマでのマーケティングリサーチや新商品の企画は，開発部門

---

12) アイリスオーヤマの生産組織と業務は，次の通りである。アイリスオーヤマの工場は，国内に8拠点，海外は中国大連にあり，生産量の内訳は，国内20%弱，中国大連40%，残りは他社からのOEM である。国内工場では，プラスチック成型を用いた生活用品（収納用品や園芸用品）を中心に生産し，各工場で同じ品目を生産し，商品を供給する市場や店舗に近い工場が生産，供給する。一方，中国大連では，主に家電製品を生産しており，シーリングライトのみは九州の鳥栖工場で生産している。生産方式は，セル生産と機械での自動生産を主に用いており，国内のプラスチック成形品の生産では主に機械での自動生産を行っている。アイリスオーヤマでは，組立も多くはロボットがやっている。アイリスオーヤマでは，仕掛り品を作らずにすぐに組み立てるので，受注に対してリードタイムが少なく，無駄な在庫なく生産できる仕組みを重視している。

13) アイリスオーヤマの物流業務は，次の通りである。アイリスオーヤマでは，倉庫に保管し1個単位でピッキングして梱包して，出荷していく。一方，他社では，パレット単位で問屋の注文に対して出荷する。国内工場8拠点で自動倉庫がある。これはその工場のためだけではなく，その地域の市場のための倉庫であり，海外からのコンテナも入る。まず，客の注文を受けて，情報を変換してピッキングリスト（何を何個出荷するかというピッキング依頼書）を作成し，そこに倉庫の棚番号が単品ごとに振られて，担当者がそこの棚に行ってピッキングして，検品して，箱詰めする。アイリスオーヤマでは，このようなベンダー機能（問屋機能）により，流通の中間マージンを減少させている。また，問屋機能を持つことで，どこで何が売れている，どの位売れている，という情報が集まり，この情報を生産計画に反映させる。

と事業部のいずれかが行う。明確なルールはないが，競合対応や価格を安くするとか機能を少なくするなどの市場志向の商品については，事業部門で行うことが多く，技術志向や垂直立ち上げ戦略の対象となるようなこれまでにないソリューション志向，コンセプト志向の商品については，開発部門が行うことが多く，前者が約8割，後者が約2割である。

　アイリスオーヤマで垂直立ち上げ戦略を決定，実行するうえで，毎週月曜日に行われる商品開発会議は重要な役割を担っている。この会議で新商品の開発や事業化のすべてが大山社長により決裁され，これ以降に一気にすべての関連部門が準備を開始し，迅速に開発や事業，マーケティングを実行する。事業部が中心になって，この会議に新商品の企画について企画提案と呼ばれる提案を行い，2，3週間後に原価提案と呼ばれる提案を行う。

　企画提案は，事業部がマーケティングリサーチに基づき，新商品のアイディアを企画して提案するものであり，1つの商品につき約15分程度でプレゼンテーションを行い，この会議に参加する全社の各部門の幹部の意見を基にして，社長が決裁を行う。

　そして，ホーム分野の商品は2週間程度で，家電商品は3カ月程度で，原価計算や事業計画，マーケティングプランなど事業に関わる主な計画を作成し，再度，この会議で原価提案を行い，決裁を受ける。家電の場合には，TVCM枠や店頭販促員などのプロモーションに関する計画提案を，別途1，2週間後に行うことが多い。これらの過程では1回で決裁にならず，再度，提案を行って決定されるものもある。また，提案される企画のうち，商品化が決定されるのは約30%程度である。

　このように，社長を中心に集中的かつ迅速にすべての新商品の企画とその事業の決定を行うので，他社に比べて非常に短期間で新商品の企画，開発，プロモーションが可能になる。また，この会議は，全社の各部門の幹部が参加するので，決定されるとその時点から各関連部署がすべて必要な業務を一気に行っていくため，全社一丸となって，垂直立ち上げ戦略の実行という短期間での新商品の市場投入が可能になる。

　たとえば，企画提案から原価提案までは，生活用品ならわずか2週間であり，家電品でも他社では9カ月程度要する業務を3カ月で実施しており，垂直

立ち上げ戦略の実行に重要なマネジメントになっている。

7.3 事業化と開発における迅速化のための並行業務と1人多能業務

　商品化が決定されると，事業部を中心に新商品の企画，開発，事業化を進めていく。この際に他社との競争優位性の確保を目的に，垂直立ち上げ戦略を短期間で実行するために，高度なレベルの各部門で連携した並行業務プロセスを実施する。そのために，部門内外で頻繁なミーティングを行い，議論をして進めていく。

　同様に開発部門でも，新商品の開発について，垂直立ち上げ戦略に貢献するために，開発期間を大幅に短縮する並行業務で開発組織内外と業務を進めていく。このため，仕事は前倒しで次々にこなしていく。そして，毎週もしくはそれ以上の頻度で各部署とミーティングを行い，議論を通じ情報共有しながら，問題を解決していく。

　また，他社と異なり，アイリスオーヤマの開発部では，開発スタッフが多様な開発経験を持ち，同時に複数の仕事を行う多能的なスタッフにより仕事が進められるため，商品企画や開発について広い知識や経験がある。たとえば，多様な技術開発を行い，生産管理にも詳しい。そのため，開発上の様々なアイディアが生まれやすく，チームでの連携もスムーズにいきやすいため，結果として素早い開発が可能になり，垂直立ち上げ戦略の実現に貢献する。

　これらの実現のために，組織は極めてフラットになっている。研究開発本部長は常務取締役が担当し，その下の家電開発部の部長は本部長が兼任し，家電開発部の下には課は設けず，3つの開発グループにマネジャーが各1人いるだけで階層の数がとても少ない。このため，物事が素早く決まり，仕事が進んでいく。たとえば，マネジャーは，根回しなどせずに何かあったら，直接上司である本部長に相談し，承認をもらう。部門間調整もハンコでの承認などなく，ミーティングで交渉して，実施することを確認するだけである。

　さらに，事業化と開発の業務を行うフロアの社員の机にはパソコンを置かない。パソコンを使用する場合には，フロアの中央にあるパソコンが設置された場所に移動して使用する。また，基本的に1時間のうちパソコンを使用できるのは最大45分までである。これは業務の迅速化と，創造性の向上による商品

企画や開発の成功率を向上することに寄与しており，垂直立ち上げ戦略におけるスピード性と優れた商品の提供の両方に関係がある。

この結果，たとえば，パナソニックが家電商品の企画と開発で合計1年6カ月程度要するのに対して，アイリスオーヤマでは6カ月から9カ月程度で行うことができ，他社に比べて早期に発売ができるため，顧客への商品のアピールが大きい。このように垂直立ち上げ戦略によって，市場を独占でき，発売時点から大きな需要を喚起できる。

7.4　早期からの垂直立ち上げ戦略を意識した生産

垂直立ち上げ戦略のための生産は，商品開発会議の2回目の承認が得られた時点ですぐに準備を開始する。つまり，この会議で提示される見込み生産量と売上げ予測から金型の個数などを判断し，金型を設計し，発注する。

通常の新商品の場合には，国内のすべての工場で，1つの商品に通常は金型を1個しか用意せず，国内の工場間で回して使用する。しかし，垂直立ち上げ戦略の場合は，5カ所の生産拠点で工場ごとに金型を用意（合計5個用意）することで，同時に大量生産して，市場に大量供給する。次項で述べる事前商談で売れ行きの見積もりを示し，金型の個数を検討する。たとえば，2013年春頃に，コーディーというレールが付いていて，引き出しが開きやすくデザインの優れた収納用品は，生産立ち上げ時点から5拠点で同時生産を行った。このとき，各工場の1日の生産量は，数千個単位であった。

また，垂直立ち上げ戦略を実行する商品の生産は，迅速かつ柔軟に大量生産できるようにできるだけ自社生産を行う。これにより，物流面でもリードタイムが短縮される。商品によっては当初は他社生産であっても，売上げが急激に上昇するのを素早く感知して，自社生産に切り替えて，大量生産を短いリードタイムで実現することもある。さらに，生産対応の迅速化のための，製品の部品の標準化などの基本的なことは当然行っている。また，家電製品では，特に重要な部品だけはある程度の量の在庫を確保する。

工場は24時間稼働であるが，垂直立ち上げ戦略の場合には，土日も稼働させる。通常は同じ機械で日々，金型を乗せ換えて異なる商品を生産するが，この戦略のように，重要商品の場合には，集中的に同じ商品の生産で24時間稼

働させ，さらに土日も稼働させる。

7.5　早期の事前商談

　アイリスオーヤマでは，早期から事前商談を行う。これには2種類あり，1つは開発ヒアリング商談であり，事業部のスタッフや営業部門で，主要な5社から10社程度の小売店のバイヤーやマーチャンダイザーに商品の企画案や3Dプリンターで作成したモックアップ（模型）を見せて説明して話を聞き，商品の売れ筋や要望などの情報収集をする。この商談は，得意先がどの程度受け入れるかというプレ商談の役割も持ち，その後の本格的な導入商談につなげるとともに，この情報を開発や事業部にフィードバックし，これを基にしてプレゼン会議の企画提案と原価提案を行う。

　もう1つは，商品化を決定したあとで，商品を売り込み，発注につなげ，商談の反応を生産計画や発注計画に反映するための，営業部門による導入商談である，つまり，開発業務に並行して，商品開発会議で商品化が決定される前後から，すべての商品について事前商談を行い，発売時点での導入店舗数を増やせるように担当スタッフは行動する。このため，商品化決定で発売日や必要数量を確定させて，開発完了を待たずに，営業本部の全国約300人の営業員が商談を開始し，発売時からできるだけ販促キャンペーンを仕掛けることができる。これは，垂直立ち上げ戦略のように，発売時点から多くの売上げを見込むためには非常に重要であるとともに，需要予測を行うにも役立ち，この戦略での機会ロスや在庫リスク対応にもなる。

　特に，この戦略の対象商品の場合には，商品開発会議の前から，事業部が直属の営業や営業本部と連携して事前商談を行う。

　発売日から逆算して3カ月前にアイリスオーヤマは営業活動を開始するが，たとえばパナソニックは1.5カ月位前から営業活動を行っている。この差は垂直立ち上げ戦略の実行において，特に有効である。

7.6　積極的なプロモーションと販売予測

　垂直立ち上げ戦略の対象商品では，TVCMを積極的に行い，さらに販促員や広告を投入する。店頭の販促員（セールスエイドスタッフ，SAS）を集中的に

その商品のために張り付けて，実演販売や推奨販売を行い，さらに顧客の理解を深めて，大量の購買につなげる。

特に，垂直立ち上げ戦略の実現にあたっては，事前に発売日をＸデーとして設定し，その日からすべての関連業務を逆算して，プロモーションを計画し，実施していく。このためにも，部門間での同時並行業務は有効である。以前からアイリスオーヤマは季節性の高い生活用品を扱ってきたため，発売日の設定やその準備についての組織文化は浸透している。

垂直立ち上げ戦略の実施にあたっては，事前の需要予測が重要となる。アイリスオーヤマでは，いくつかの方法を組み合わせて，プランナーという需要予測を担当する専門社員が需要予測を行うことになっている。まず，既存に類似商品がある場合には，その商品の過去の販売実績を参照して，予測の参考値とする。しかし，実際には，アイリスオーヤマの特徴である早い段階からの事前商談により，営業日報を参照し，随時商談での受注データに基づいて，導入店舗数とその店舗当たりの導入数を割り出して，需要予測に活かす。このようにして，垂直立ち上げ戦略の実行においても，精度の高い売上げ予測を実現できる。

7.7　物流マネジメントにおける十分な事前の出荷準備とピッキングの工夫

物流面では，アイリスオーヤマは問屋機能を内包しているため，商品出荷のために直前に商品をどこに何個出荷するかの情報が入る。垂直立ち上げ戦略の対象商品の場合は，事前に十分な準備を行い，十分なトラックを確保して大量に出荷する。このような重点商品では，通常の人員に加えて，ピッキング担当者を多く投入する。また，垂直立ち上げ戦略の場合には，ベテランを用いてピッキングを行う場合が多い。

また，大量に対応する場合は，その商品だけを専門に大人数でピッキングを行う。そういう単純作業ならば，ベテランでなくても効率が変わらないため，多くの人を投入できる。

在庫としては，垂直立ち上げ戦略の場合には，初回の在庫を多く持つようにする。商談の見込み量で在庫が多く入り，詳細に準備するのは直近のデータによる。海外から仕入れる場合には，リードタイムが１カ月かかるために，より

多くの在庫を持つ必要がある。海外の生産拠点で生産し国内に配送する場合は2週間程度要するが，国内自社生産なら金型があれば，在庫なしでも対応できる。

垂直立ち上げ戦略の場合には，在庫の持ち方も異なる。垂直立ち上げ戦略を行う商品は，出荷場所として手前に置いて，あまり出荷しないアイテムは，ホームから遠いところに置く。特にこの戦略のときは，その商品について簡易定番置き場を作って出荷しやすくする。

7.8 積極的な営業と販売促進の活動

すでに述べた通り，営業は商品開発会議前後から事前商談を行い，導入店舗数を増加させるが，この会議で商品化が決定されたら，一気に積極的に営業活動を行う。

垂直立ち上げ戦略の場合の特徴的な営業は，地域や店舗への直接営業である。イオンなどの本社の商品本部だけではなく，各地域のエリア本部へも営業を行い，導入店舗数を増やす。そして，地域でのチラシ販促を獲得し，協賛金などの条件面を交渉して，販売数を増加させる。さらに店舗では，棚のエンドや催事と呼ばれる売場スペースを確保するように交渉を働きかけ，客の導線で最も目立つ場所に置くようにする。商品のモックアップを提供するモック協賛も効果的なので実施する。これにより，店舗側の負担が減り，導入店舗数が増える。

商品が発売されたら，店頭販促員（SAS）などを利用して，実演販売などで店頭での認知を促進していく。これにより，顧客にアピールして，新商品の理解を深めてもらう。家電量販店ではラウンダー[14]を強化する。これにより，本部で取扱いが決まっていない店舗に商品を置いてもらうように働きかけ，自社商品を目立つ場所に移動させる。

店舗には，この期間アイリスオーヤマ商品を販売すると数％粗利率を改善させるといったインセンティブ条件を付けて優先販売を行ってもらう。

---

14) ラウンダーとは，メーカーの営業担当者に代わり，店舗を巡回し，売り場の販売支援を行うスタッフである。

36　第2章　垂直立ち上げ戦略のマネジメント：アイリスオーヤマの事例

垂直立ち上げ戦略を実施する商品の多くが，これまでなかったコンセプトの商品であるため，以上のように店頭でのプロモーションを積極的に行うことで，実際の販売につなげていくことが重要である。

8. 分析

8.1 アイリスオーヤマにおける垂直立ち上げ戦略の実践のマネジメントの特徴

本章で得られたアイリスオーヤマにおける垂直立ち上げ戦略の実践のマネジメントの要点と全体の流れをまとめると，図2-4のようになる。この図2-4から，アイリスオーヤマにおいて，垂直立ち上げ戦略を実現するための各部門でのマネジメントとともに，その経営戦略としての全体像が明らかになった。

本章では，アイリスオーヤマ独自のこの戦略のマネジメントが，次のように明らかになった。まず，大山社長の強い権限とリーダーシップ，毎週の商品開

図2-4　アイリスオーヤマにおける垂直立ち上げ戦略の実践のマネジメントと流れ

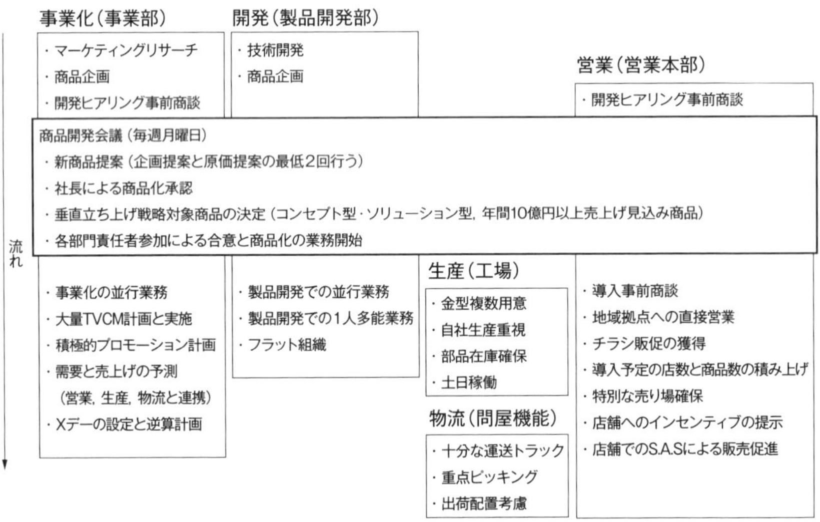

出所：筆者作成。

発会議での集中的迅速な商品化の決定，ソリューション型とコンセプト型商品
を対象とし，年間売上10億円規模以上を基準とする特徴がある。これらは，
アイリスオーヤマでの垂直立ち上げ戦略のマネジメントの特徴の根幹をなす。

　そして，事業部ではこれに応じて，商品化，事業化の提案を行い，高度な並
行業務により迅速な商品開発プロセスを推進する。ソリューション型商品を対
象とするため，TVCM での啓蒙が必要である。さらに，早期から事前商談を行
い，売上げ見込みを発売前から積み上げていくことも特徴である。

　開発部門では，ソリューション型新商品の開発を中心とし，1人で多能的な
役割を担って開発を行うこととフラットな組織が特徴である。

　営業では，事前商談，導入商談，地域本部への直接営業，店舗でのSASの活
用，チラシ販促の実施などに特徴がある。生産部門では，複数の金型を持つ，
重要部品の在庫確保，土日稼働の特徴が見られた。アイリスオーヤマが独自に
内包する問屋機能でも，重点ピッキングの実施などのいくつかのこの戦略のた
めのマネジメントが行われていた。

　以上のように，アイリスオーヤマでは，この戦略の実践の特徴的なマネジメ
ントが数多く行われている。

8.2　アイリスオーヤマの垂直立ち上げ戦略の実践の成功要因

　以上からわかるように，アイリスオーヤマの垂直立ち上げ戦略の実践の成功
要因は1つではなく，多くのマネジメントから成り立っている。さらに，その
成功要因は，個々の特徴的なマネジメントだけでなく，これらがすべてが一連
の流れの中で相互に連動して，垂直立ち上げ戦略の実践のマネジメントの仕組
みとプロセスとして，有機的に機能して，この戦略の効果の最大化を目指して
いることである。

　その仕組みとプロセスは，次の通りである。すなわち，垂直立ち上げ戦略の
実行の対象商品をソリューション型やコンセプト型と徹底し，すべての商品化
や事業化の事項を毎週の商品開発会議でトップが提案を基に決定し，部門内外
の並行業務で迅速に開発を行い，営業部隊と連携した早期からの事前商談で，
実際の売上げ見込みや導入店舗数を積み上げていく。そして，集中的な TVCM
を行うことで新商品のコンセプトを消費者に啓蒙し，店舗での多様な販促活動

で購入に結び付け，それを支える生産や物流の独自のマネジメントにより，この戦略の効果の最大化を図ることである。

9. 考察

　本章で明らかになったように，パナソニックで実行されていた垂直立ち上げ戦略が，アイリスオーヤマにおいても実行されていた。
　しかし，アイリスオーヤマにおける垂直立ち上げ戦略のマネジメントは，パナソニックに比べて独自のマネジメントが多いことが明らかになった。そして，前述した通り，個々のマネジメントが一連の業務の流れの中で相互に連動し合い，全社的な1つのシステム（経営戦略）となっていたことは興味深い。
　その特徴的な仕組みは，前述した通りであるが，個々のマネジメントの中で特に次の3点は重要であると考えられる。
　第1に，垂直立ち上げ戦略の対象商品をアイリスオーヤマが重視する生活者目線からのソリューション型やコンセプト型の新商品とし，このタイプの商品には消費者への認知や啓蒙が不可欠であるとして，集中的にTVCMを投入する垂直立ち上げ戦略が実施されている点である。つまり，アイリスオーヤマにとって垂直立ち上げ戦略は，戦略オプションではなく，必須の戦略なのである。
　第2に，商品企画から発売までの業務プロセスのスピードは，並行業務と早期の各部門の業務開始などにより，他社に比べて非常に早く，アイリスオーヤマのこの戦略の競争優位性の大きな源泉になっている点である。つまり，仮に同時期に競合企業が同じ商品を企画したとしても，アイリスオーヤマでは発売時期が大幅に早くなり，その期間，アイリスオーヤマは顧客市場を独占でき，この戦略の売上げに貢献できる。
　第3に，垂直立ち上げ戦略の場合に，特に早い段階から事前商談を開始し，大手店舗チェーンの意見をフィードバックし，売れる商品に仕上げていくとともに，具体的な商談により，早期から店舗導入数などの販売数の見積もりを能動的に作り上げることができる点である。このため，垂直立ち上げ戦略の成果と精度に大きく貢献する。

これらのアイリスオーヤマの垂直立ち上げ戦略の実践のマネジメントは，パナソニックでの実践にはあまり見られないマネジメントである。つまり，アイリスオーヤマにおけるこの戦略の実践のマネジメントは，他社に模倣されにくい深さと独自性を持っている。このことは，アイリスオーヤマの経営が好調である理由の１つと思われる。

これまでアイリスオーヤマの経営やマネジメントの詳細については，経営者や実務家による著作での紹介がほとんどで（鶴蒔，1993；大山・小川，1996；大山，2001，2010，2013；三田村，2012），学術的視点からは研究されてこなかったが，本章でこの企業の垂直立ち上げ戦略の実践を中心に，その実現の仕組みの詳細を明らかにすることができた。これらは，垂直立ち上げ戦略の実践に興味を持つ実務家だけでなく，アイリスオーヤマの経営に興味を持つ研究者にとっても参考となるものであろう。

10. 結論

本章では，垂直立ち上げ戦略の実践のマネジメントについて，先端事例としてアイリスオーヤマの事例を調査分析して，その特徴的なマネジメントと成功要因を明らかにした。この特徴的なマネジメントを，図2-4に示している。簡潔にまとめると，垂直立ち上げ戦略の実行の対象商品はソリューション型やコンセプト型と徹底する。すべての商品化や事業化の事項を毎週の商品開発会議でトップが提案を基に決定し，部門内外の並行業務で迅速に開発を行う。さらに営業部隊と連携した早期からの事前商談で，実際の売上げ見込みや導入店舗数を積み上げていく。そして，集中的なTVCMを行うことで新商品のコンセプトを消費者に啓蒙し，店舗での多様な販促活動で購入に結び付け，それを支える生産や物流の独自のマネジメントにより，この戦略の効果の最大化を図るというものであった。そして，成功要因は，これらの個々のマネジメントは勿論のこと，それだけではなく，これらが相互に連動して全社的に１つのシステム（経営戦略）となっていることであった。

第3章
新製品開発のエコシステム・マネジメント：
パイオニアのカーナビの事例

1. はじめに

　第1章と第2章の全社戦略・事業戦略（垂直立ち上げ戦略）に続き，本章では，マーケティング戦略の重要な施策である新製品開発について取り上げる。最近の製品は，複雑なアーキテクチャとなっており，自社の技術や部品だけではすべてを賄えないことが多く，オープン・イノベーションを必要としている。そこで，本章では，自社だけでなく外部企業との共同開発のマネジメントに焦点を当てる。

　本章の目的は，イノベーション・エコシステムの概念を用いて，企業が新製品を開発し，顧客に供給する際の外部企業とのマネジメントをどのように行っているのか，さらに，どのような効果や問題があるのかを明らかにすることである。本章では，日本企業のイノベーション・エコシステムのマネジメントの事例として，パイオニア株式会社（以下，パイオニア）のカーナビゲーションシステムである「サイバーナビ」の新製品開発について詳細に調査分析する。

　イノベーション・マネジメントにおいては，エコシステムを機能させなければ，その価値提供すら及ばない。Adner（2006）は，企業競争において競合企業に先んじていても，パートナー企業との準備や，補完技術の開発と採用が遅れていれば何にもならないとしている。日産自動車のカルロス・ゴーン氏は「米国でトヨタ自動車に負けぬ投資をし，ホンダを上回る製品があるのに追い

---

1)　2013年12月18日，『日本経済新聞』。

つけない」と発言した[1]。日産自動車は米国で新型自動車「アルティマ」を販売したが、日産からの過密スケジュールでの要求が原因となって、部品メーカーの生産が遅れ、予定通り出荷できないという事態に直面した。いくら優れた戦略を計画しても、エコシステムをマネジメントできなければ、その戦略を実現させることはできないのである。Adner (2012) は、「どんなに素晴らしいイノベーションも自社だけではもはや成功することはできない」とし、最終的な成功のためにパートナーと関係を築いていくことが不可欠になっていると主張した。また、Adner and Kapoor (2010) は、企業のイノベーションの成功はしばしばその環境内の他のプレーヤーの努力に左右されるとし、外部企業の課題が自社にどのように影響するかを分析している。さらに、McGregor et al. (2012) は、イノベーションのマネジメントにおいては、エコシステムのプレーヤーに自社のプロジェクトに関わる際の影響を説明する必要があると主張している。

このようにイノベーション・マネジメントにおいてエコシステムのマネジメントは、非常に重要である。しかし、日本企業における新製品開発とその供給を中心にしたイノベーション・エコシステムのマネジメントの詳細な事例分析は、ほとんど行われていない。

よって、本章ではイノベーション・エコシステムについて、日本企業における新製品開発とその供給の具体的な事例調査分析を行い、今後の日本企業の新製品開発のマネジメントに有益な知見を提供したい。

2. エコシステムの定義と先行研究

エコシステムは生態系を意味し、Arthur Tansley はエコシステムを「有機体の複合体のみならず、我々が環境と呼ぶものを形づくる物理的要素すべての複合体としての、全体のシステム」と定義した（江端・本荘, 2009）。

井上・真木・永山 (2011) は、Moore (1996) と Iansiti and Levien (2004) がエコシステムを代表的に論じていると述べている。Iansiti and Levien (2004) では、IT 業界を中心にビジネス・エコシステムについての研究が示さ

れており，「ビジネス・エコシステムは多くの主体が大規模に緩やかに結びついたネットワークから形成されている」と説明している。そこではエコシステムの各プレーヤーの利益創出を助ける役割を果たす存在をキーストーンと呼び，その戦略からエコシステムの健全性について分析し，企業間ネットワークのハブがキーストーン戦略をとることが，エコシステムの繁栄につながると示した。井上・真木・永山（2011）はエコシステムを「出資者やパートナー，供給業者や顧客から成り立つ協調的ネットワークを，自然界における生態系のメタファーによって示したものである」と定義づけ，エコシステムのハブ企業とニッチ企業の戦略や行動を分析した。

　一方，江端・本荘（2009）は，「マーケティングでエコシステムというと，企業のマーケターと広告代理店とメディアの関係を指していたり，消費者間のネットワークを指していたりと漠然とした意味で用いられることが多い」と説明した上で，企業，広告代理店およびメディアの関係や，消費者間のネットワークなど，プロモーション活動に関するエコシステム・マーケティングについて研究を行った。また，齋藤（2012）は，成長戦略に焦点を当て，クラスターを作り上げ，連鎖的に新事業を生むためにエコシステムを構築することがグローバル経済の成長戦略であるとしている。さらに，西澤他（2012）はエコシステムを，ベンチャー企業に対するリスクマネーの提供や技術移転を積極的に承認する地域文化とし，大学発ベンチャーを取り巻くエコシステムについて論じている。

　以上のように，先行研究ではエコシステムの定義や扱う範囲は様々である。椙山・高尾（2011）も，エコシステムの概念は曖昧であると指摘している。本章ではエコシステムを，「複数の企業がそれぞれ持てるものを提供し合い，1つのソリューションにまとめて顧客に提供するコラボレーション」（Adner, 2006）と定義づけ，ある製品の開発と顧客への提供に着目したイノベーション・エコシステムと位置づける。

　イノベーション・エコシステムは，これまでどのように論じられているだろうか。原山・氏家・出川（2009）や福田・三宅・有本（2008）の定義をまとめると，「複数企業や，様々な経済的・社会的要素間で相互作用し，イノベーションが連鎖的に生み出されていく複雑系や場」である。原山・氏家・出川（2009）

は，ベンチャー企業のイノベーション活動に焦点を当て，産学連携を活かした
イノベーションのプロセスを明らかにし，福田・三宅・有本（2008）は，イノ
ベーションによる成長が国際競争における重要な課題とし，成長戦略について
述べている。齋藤（2012）も成長戦略に重きを置き，ベンチャーキャピタルが
発展するためのシステムをイノベーション・エコシステムと呼ぶとして，ベン
チャー企業のイノベーション活動での外部要因の働きについて論じている。こ
のように，イノベーション・エコシステムの先行研究では，主に産学官連携や
業界全体のエコシステムの成り立ちと活用法について述べられているが，特定
の製品に焦点を当てて，その製品の開発と顧客に提供するまでのエコシステム
の仕組みについて論じられているものは非常に少ない。

　椙山他（2008）は，エコシステムを「多様性をもった多数のビジネスプレー
ヤー間の相互依存関係からなるネットワーク構造が安定性をもち，そこにシス
テムの創発が見いだせるもの」と定義した上で，エコシステム生成の際に有効
なメカニズムについて掘り下げた研究は少数とし，光ファイバ通信を事例に，
周辺企業と中核企業とのネットワークに焦点を当てエコシステムの生成につい
て分析している。また，羅（2011）は，エコシステムをIansiti and Levien
（2004）と同じ定義をして，携帯電話端末産業に焦点を当ててエコシステムの
生成を分析している。しかし，これらの研究はエコシステムの構築について大
変意義のあるものであるが，構築後の実際の製品の供給を含むマネジメントま
では述べられていない。

　また，栗木・余田・清水（2006）は，任天堂の家庭用ゲーム機の成功要因を
分析し，ハードウェア産業ではサード・パーティー[2]との取引先関係を良好に
することが重要であるとし，柴田（1994）は，ソニーのコンパクトディスク事
業を中心に共統合戦略について分析し，自社がフォーマット内にキーパーツを
持つことによる優位性について考察している。しかし，これらの研究は，イノ
ベーション・エコシステムの概念や分析枠組みを用いているわけではない。

　Adner（2012）では，イノベーション・エコシステムの戦略と課題解決につ
いて「ワイドレンズ」という観点と分析枠組みを用いて，多くの事例を分析し

2）　ここでのサードパーティとは，当事者以外の関係者を意味する。

ている。しかし，日本の企業の事例はない。Brandenbuger and Nalebuff
（1996）では，企業のコーペティション戦略について分析し，これは，Adner
（2006；2012）の基盤になっており，イノベーション・エコシステムの研究に
重要な論点である。しかし，ゲーム理論に特化した分析であるため，イノベー
ション・エコシステムのすべてを論じているわけではない。

Chesbrough（2003）と Chesbrough et al.（2006）は，企業の技術革新のため
には，社内のアイディアと他社の外部のアイディアを用いて，製品開発を行う
必要があるとし，オープン・イノベーションと名付けたが，これはイノベー
ション・エコシステムを論じる上での参考にもなる。たとえば，原山・氏家・
出川（2009），福田・三宅・有本（2008），齋藤（2012）が述べるイノベーショ
ン・エコシステムは，オープン・イノベーションの性質に近いといえる。齋藤
（2007）は，イノベーション・エコシステムはオープン・イノベーションの一
部について論じたものであると述べている。よって，イノベーション・エコシ
ステムを研究することは，オープン・イノベーションの研究にもつながるとい
える。

以上のように，特定の製品に焦点を絞ったイノベーション・エコシステムの
マネジメントについて調査分析した先行研究が少ないこと，特に，日本企業に
おける事例がほとんどないこと，さらに，イノベーション・エコシステムが
オープン・イノベーションを論じる上でも重要であることから，本章では，日
本企業の製品に焦点を絞って，その開発から顧客への価値提供までのイノベー
ション・エコシステムを詳細に調査分析し，そのマネジメントの要点を明らか
にしていきたい。

なお，イノベーション・エコシステムについて，従来では，椙山・高尾
（2011）のように，独立性や自律性を持っていることがエコシステムの特徴で
あるという考えがある。しかし，本章で取り上げる Adner（2012）や井上・真
木・永山（2011）のエコシステムでは同一企業内のネットワークも社内エコシ
ステムとして，エコシステムの一種として扱っている。そこで，本章では，
Adner（2012）や井上・真木・永山（2011）のエコシステムの定義にしたがっ
て，出資関係や社内の関係者を含むネットワークもエコシステムに含むものと
する。

3. 本章の分析視点

　本章では，インタビュー調査を中心にして得られた情報から，パイオニアの
サイバーナビの製品開発と供給におけるイノベーション・エコシステムのマネ
ジメントの詳細を分析し，そのマネジメントの要点を明らかにする。なお，サ
イバーナビの製品には，通信モジュール，フリーワード音声検索，地図データ
更新といったソフトウェア，さらにはサービスまで含まれているが，これらの
システムも含めて 1 つの新製品開発として分析の対象とする。

　まず，本章では，事例を分析する方法として，Adner（2012）の分析枠組み
を用いる。イノベーション・エコシステムのプラットフォームには，リーダー
（イノベーター），フォロワー（サプライヤー，仲介者），エンドユーザー（最終
消費者）が存在する。ただし，フォロワーという言葉は競争戦略論のフォロ
ワーと混同しやすいため，本章では，イノベーターに対して技術や製品を供給
する者をサプライヤー，イノベーションの価値をエンドユーザーに供給する者
を仲介者とし，それらをまとめてパートナーと呼ぶ。そして，Adner（2012）
が提示している，コーイノベーション・リスク，アダプションチェーン・リス
ク，価値設計図の 3 つの分析枠組みを用いて，分析を行う。

　コーイノベーション・リスクとは，自身のイノベーションの成功がエコシス
テム内のパートナーの成功に依存するリスクである。たとえば，自社の役割の
成功確率が 100％であっても，パートナー2 社の成功確率が 70％と 80％である
と，実際の成功確率は，100％×70％×80％＝56％になる。つまり，リーダー
は，パートナーのイノベーションの成功についてもマネジメントしなければな
らないという考えであり，プレーヤーの技術的水準や知識量に由来する成功確
率に関するリスクである。これは，技術や製品間の関係を明らかにして初めて
分析できるため，第 2 節で技術や製品の説明を行い，分析を行う。

　アダプションチェーン・リスクとは，パートナーがイノベーションを受け入
れなければ，エンドユーザーが提供価値を評価することすらできないリスクで
ある。提供価値がエンドユーザーにだけでなく，パートナーが自分たちにとっ

て有益なイノベーションだと考えるかどうかという，プレーヤーの経済的イ
ンセンティブについて検討する必要があるということである。本来は製品供給の
卸売業者や小売業者，販売員といった仲介者についてのリスクであるが，パイ
オニアの構想するイノベーションを製品設計の段階でも確実なものにするため
には，サプライヤーについてもこのリスクについてマネジメントする必要があ
ると考えられる。よって，本章では，エコシステム内のすべてのパートナーに
対してこのリスクを分析する。

　価値設計図とは，市場への道筋において直接的ではないが成功のためには重
要な補完的パートナーが，エコシステム内でどのようにつながっているのかを
明確にするためのツールである。パートナーとの行動とつながりの変化を考
え，全体のシステムが提供価値を実現できる可能性とエコシステムのリスクに
ついて評価するためのものでもある。

　以上の３つの分析枠組みを用いて，分析し，さらに補足するために，以下の
質問事項を設定した。
① 価値設計図内のリーダー，パートナーに対してのエコシステム内のリスク
② 課題のあったパートナーに対してのリーダーの反応
③ リーダー企業が成功するときのパートナーの利益，パートナー企業が成功
　するときのリーダーの利益
④ 従来構築されたエコシステムの継承と活用のマネジメント

　①，②は前述した Adner（2012）の分析枠組みにしたがって作成した。①
は，価値設計図を作成し，エコシステムのつながりを明確にするため，そのエ
コシステム内について上記２つのリスクの有無を問うために設定した。②で
は，これらのリスクに対しての対応を調べることにより，リーダー企業のエコ
システム・マネジメントを分析するために設定した。

　③ は，上記の３つの分析枠組みとは異なるが，エコシステム概念の協調的な
ネットワークの特徴に照らして，重要と考え設定した。Adner（2012）におい
ては，「リーダーが成功するときにパートナーは利益を得るか」，「パートナー
が成功するときにリーダーは利益を得るか」という質問の回答が２つともイエ
スであれば，インセンティブの問題は回避されるとされている。

　④ についても，上記の３つの分析枠組みとは異なるが，Adner（2012）は，

エコシステムの継承と活用によって既存のエコシステムの成功要因を活用し，新たなエコシステムを有利に構築できると主張しており，たとえば，アップルの iPhone の成功がエコシステムの継承にあると論じられていることから，この質問を設定した。

　また，一般的に，製品開発のパートナーより，製品供給のパートナーのほうがコントロールが難しいと考えられる。この問題はサプライチェーンのマネジメントの問題でもあり，エコシステム特有の問題ではないと思われるかもしれない。しかし，本章で用いるエコシステムの分析枠組みを用いた分析を行うことで，エコシステムの問題として，製品供給のパートナーのマネジメントも含めて，どのようにマネジメントを行っているか，どのような困難があるのかを分析する価値があると考える。また，従来のサプライチェーンの研究では，本章で用いる Adner（2012）の分析枠組みと提示しているマネジメントの要点はあまり議論されていなかったと思われる。よって，本章でエコシステムのマネジメントの問題として議論する意義がある。

　本章の第 6 節に分析のまとめを設けた。そこでは，分析結果とともにどの部分が成功でどの部分が失敗であるかを評価した。成功だと評価できれば，その要点を提示することで，参考にすべきマネジメントの要因になり，一方，失敗と判断できれば，読者にとって今後の指針となると考えている。

4. カロッツェリアサイバーナビ事業の概要と調査方法

　本章で取り上げる事例は，パイオニアのカーナビゲーション事業ブランドcarrozzeria（以下，カロッツェリア）の製品 CYBERNAVI（以下，サイバーナビ）の AVIC‒ZH0007 と AVIC‒ZH0009HUD の 2 機種とし，これらの製品の機能や製品供給のマネジメントについて，イノベーション・エコシステムの視点で調査分析する。カーナビゲーションシステムを取り上げる理由は，単に本体のハードウェアだけでなく，地図データや通信回線サービス，さらに法規制と，製品システムを開発する際に様々な外部企業との関係が存在するエコシステムの 1 つの代表例であるからである。また，製品の提供チャネルも複数存在

48 第3章 新製品開発のエコシステム・マネジメント：パイオニアのカーナビの事例

するからである。実際に，本章の事例で記述した事実だけでも，10以上のプレーヤーが存在している。これらのことから，サイバーナビの製品はエコシステムの分析対象として妥当であると考えられる。さらに，パイオニアの製品を取り上げた理由は，製品の進化が激しく，様々な機能が含まれているカーナビゲーションの製品の中で，パイオニアが業界で常にフラッグシップモデルを生み出しており，そのイノベーション・マネジメントを調査するに価値のある企業と考えられるからである。加えて，据え付け型のカーナビゲーション分野でトップシェアであり[3]，調査対象として代表性があると考えたからである。

　パイオニアのサイバーナビ事業は，1999年にスタートした。先進機能を展開してきたサイバーナビは，カーナビゲーション業界では高機能かつ高価格帯のポジションに位置している。カーナビゲーション製品の種類は Personal Navigation Device（PND），メモリーナビ，HDDナビに分類されるが，パイオニアはすべてをカバーしている。販路は市販品，ディーラーオプション，メーカーオプションに分類される。市販価格では，ZH0007は高価格帯に，ZH0009HUDは超高価格帯に位置づけられている。パイオニアはすべての種類で業界平均を上回る価格の製品を販売しており，超低価格帯のPNDの業界平均単価が28,000円であるのに対して高価格帯のパイオニアのサイバーナビの平均単価が165,000円となっている。ZH0007はサイバーナビの基本性能を抑えた機種であり，オプション品で機能を発展させることができる。ZH0009HUDはZH0007で実現不可能な機能すべてが実現でき，AR HUDユニットとクルーズスカウター（CS）ユニットと通信モジュールが同梱されている上位モデルである。そのため，価格帯は売価でZH0007は150,000円前後，ZH0009HUDは200,000円前後となっている。

　なお，本章ではスマートループ，スマートループアイ，地図データ，AR HUD，フリーワード音声検索に関係する要素を調査対象とし，製品供給については OEM 供給を除き（調査依頼を断られたため），市販品供給に関係する要素に限定する。

　調査方法はインタビュー調査とし，関係者7名に調査を行い，うち1名は電

---

3) 『日経業界地図 2013 年版―特装版―』調べ。

子メールで調査を行った[4]。また，本章でパートナーとして議論している，国土交通省，自動車検査独立行政法人，警察庁，NTTドコモ，フュートレック，カーメーカーについては，直接調査を行うことができなかった。これらのパートナーに関する分析のための情報は，国土交通省，自動車検査独立行政法人，警察庁については，パイオニアのカーエレクトロニクス事業統括部カー事業戦略部スマートビジョン事業開発室の社員によるもの，NTTドコモとフュートレックに関しては，パイオニアの堀之内光氏によるものである。また，カーメーカーに関しては，パイオニア販売株式会社の山内博史氏による。

5. 本章の分析視点による分析

パイオニアのサイバーナビ事業の価値設計図について，本調査で得られた結果を図3-1にまとめた。本章では，この価値設計図をもとに議論していく。なお，図の矢印の方向は，技術や製品の提供やアプローチの方向を示している。なお，直接取材を行った企業には＊印をつけた。

5.1　AR HUD
5.1.1　概要
AR HUDは，周辺地図やレーンの位置など，ドライバーが運転中にナビ本体を見て確認しなければならない情報を，レーザー照射によってドライバーの目の前の情景に映すことを可能にし，車載用ヘッドアップディスプレイ（HUD）

---

4) インフォーマントは，次の通りである。個人名の公表の許可が得られなかった方については「社員」や「店員」と記述する。(1)2013年9月17日14時から16時：パイオニアカーエレクトロニクス事業統括部カー市販事業部マルチメディア事業企画部企画1課，堀之内光氏，(2)2013年10月28日13時30分から15時30分：パイオニア販売株式会社マーケティング部マーケティング課，山内博史氏，(3)2013年10月28日16時から18時：インクリメントP株式会社商品部第1商品部第1グループ，社員，(4)2013年11月15日11時から12時：オートバックス米沢店カーズ・スポーツ担当，店員，(5)2013年11月27日13時か14時30分：イエローハット山形西店，店員，(6)2013年11月27日19時から20時：山形スバル荒楯店フロント，社員，(7)2013年12月19日（メール調査）：パイオニアカーエレクトロニクス事業統括部カー事業戦略部スマートビジョン事業開発室，社員

として世界初の技術である。これは前例がない商品であるため，明確に仕様を規定するガイドラインはなかった。そのため，パイオニアは，現在の法規制の中から想定されるものを洗い出し，商品化する前に国土交通省，自動車検査独立行政法人，警察庁へ足を運び，AR HUD が考慮すべき規制，ガイドラインを確認し，製品説明を行った。

　これらの主な法規制・ガイドラインは以下の通りである[5]。

① 道路運送車両の保安基準の細目を定める告示　別添 28，別添 29
② 日本自動車工業会　画像表示装置の取り扱いについて　改定第 3.0 版
③ 日本自動車技術会規格（JASO）B［車体規格］003 乗用車乗員室内の突起物処理
④ 道路交通法　第 71 条　運転者の遵守事項

　自動車工業会のガイドラインは自動車メーカーが内部的に規制しているものであり，カーエレクトロニクスメーカーはその情報を知り得ることができない。ただし，画像表示装置に関しては一般的に公開されている情報であるため，それを考慮して設計を行った。その他にも社内の基準など様々な制約を順守しつつ製品設計を行ったが，これ以上の情報は未公開の情報であった。なお，製品設計からサービスインに至るまでエコシステム内に存在するこれらの規制要因によってサイバーナビの価値が下げられるということはなかった。

5.1.2　分析―アダプションチェーン・リスク

　多くのイノベーションは，イノベーターとエンドユーザーの間にいる仲介者たちのチェーンに依存しており，リスクがあるとチェーンの結合が弱くなるか切れてしまい，イノベーションの価値を提供することが叶わなくなる。規制要因に対しても同じことがいえ，イノベーションにとって提供価値を制限してしまう障害である。

　しかし，AR HUD においては，既存の様々な規制が価値そのものの障害になることはなかった。既存の規制に沿って新製品を開発し，その時点で製品説明などのマネジメントを適切に行っていた。AR HUD 以外の機能についても，該

───────────

5）　事業開発室担当者からの情報提供による。

当する規制によって提供価値が制限されるということはなく，パイオニアには，規制という面でのアダプションチェーン・リスクは存在しなかった。

5.1.3 分析—価値設計図

AR HUD に対する規制要因からみた価値設計図は，図 3-1 に示した通りである。この価値設計図内のパートナーはすべて，製品開発の段階でパイオニアに行動を起こすプレーヤーではない。彼らの法規制やガイドラインに準じないイノベーションをパイオニアが市場展開しようとしたとき，彼らはパイオニアに対して行動を起こし，パイオニアにとってはイノベーションの価値が減少するか，エンドユーザーに届かなくなる。イノベーションを彼らに受け入れてもらう必要があるため，価値設計図の矢印はパイオニアから各要素へと伸びている。これは，製品化を試みる際，各要素へイノベーションを理解してもらう活動を行ったからである。彼らはすべてが重要な補完的パートナーであり，それらをマネジメントすることで AR HUD を製品化することができた。

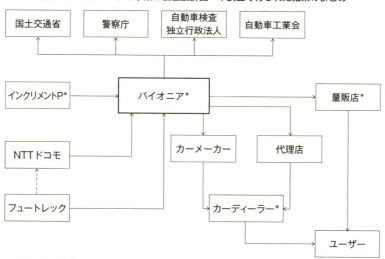

図 3-1　サイバーナビ事業の価値設計図—本調査で得られた結果のまとめ

出所：筆者作成。

5.2 通信モジュール，フリーワード音声検索
5.2.1 通信モジュール

　サイバーナビは，通信モジュールを使用することによりその性能を発揮する。通信モジュールによって実現できる機能は，主にスマートループアイ，スマートループ渋滞情報，フリーワード音声検索，マップチャージなどである。サイバーナビでは，2011年からNTTドコモのFOMAサービスによって，通信機能を利用している。複数ある通信キャリアの中でドコモを選んだ理由については，明確なものは本調査での回答はなかった。ただし，パイオニアとドコモは，2013年に資本業務提携を結んでおり，本製品の通信サービスを得るための経営判断だと考えられる[6]。ドコモとの通信契約は回線単位であり，通信モジュールに挿入されているSIMカードをドコモから納入してもらうごとに，パイオニアからドコモへ通信料金を支払う。通信モジュールを購入したユーザーは最大3年間通信料金が無料であるため，パイオニアからドコモへ支払う通信料金は3年間で固定である。なお，通信モジュールの3年間無料の期限が切れた場合，それ以降はユーザーが年間10,000円前後を支払うことで通信契約を引き継ぐことができる。

5.2.2 フリーワード音声検索

　株式会社フュートレック（以下，フュートレック）の音声認識技術がサイバーナビのフリーワード音声検索に採用されている。この機能は多種多様な言葉での目的地検索が可能で，従来のように発話手順や特定キーワードを覚える必要がない特徴がある。

　これは，ドコモとのアライアンスが前提にあり，それを活用して生み出されたイノベーションである。パイオニアは以前から「通信検索」を行っており，それを音声検索に発展できないかという発想から，アライアンスがあるドコモの，「しゃべってコンシェル」（以下，しゃべコン）機能と組み合わせようと考えた。その音声認識技術を担っているのがフュートレックであった。実績のあるフュートレックだが，パイオニア製品の音声検索機能の実現にはパイオニア

---

6)　これはパイオニアの担当者の考えである。

側で技術を改善する必要があった。ユーザーが発した言葉を認識してテキストに直すのはフュートレック側のシステムであり，テキストをもとに検索結果をユーザーに届けるのがパイオニア側のシステムである。このフュートレックの音声認識率に全く問題はなかったが，従来のシステムがスマートフォン向けの技術であるためカーナビとは発話の目的が異なっていた。そのため，パイオニアに渡されるテキストが，パイオニアの検索機能側で検索できる形式になっていない可能性が非常に大きかった。これを解消するために，音声検索のシステムにパイオニア独自の中間処理を開発して，挟む必要があった。なお，収益構造として，フリーワード音声検索に対応したカーナビが1台売れるごとに，パイオニアからロイヤリティが支払われている。

　パイオニアは，パートナー企業から技術や知識の他社への流出を防ぐために，ほとんどの企業とは「秘密保持契約」を結んでいる。フュートレックへは，パイオニアが持っている施設名やジャンル名などの資産の一部を渡してフュートレックの辞書に登録することで「未知語」を減らしている。このとき，フュートレックの辞書そのものはパイオニアの資産とはならないが，それを他社技術のために活用することはない状況にある。

5.2.3　分析―エコシステムの活用
　パイオニアは，サイバーナビの製品価値を高めるために通信サービスを提供するドコモをサプライヤーとしてエコシステムに引き込んだ。その結果，ドコモのサプライヤーであるフュートレックの技術に着目し，サイバーナビに採用した。このことから，パイオニアは従来構築されたエコシステム内のパートナーのつながりを活かすことにより，イノベーションを生み出したということがわかった。

5.2.4　分析―コーイノベーション・リスクのあるパートナーに対する　　　　マネジメント
　フュートレックの音声認識技術は，スマートフォン向けとカーナビ向けでは発話の目的が異なり，認識されたテキストがパイオニア側で検索できないという問題があり，ここにコーイノベーション・リスクが存在した。そのため，パ

イオニア側で新たに技術を開発し，中間処理を行う必要があった。つまり，エコシステム内のパートナーが実現できない役割をリーダーが補うことでイノベーションを生み出した。課題のあるパートナーに対して，リーダーはマネジメントを適切に行っていることがわかる。

5.2.5　分析―アダプションチェーン・リスク

ドコモとは，2011 年に FOMA サービスによって通信機能を利用し始めたころは資本業務提携は結んでいなかったが，2013 年に資本業務提携を結ぶに至るための一環だとすれば，アダプションチェーン・リスクは低かったと考えられる。また，資本業務提携を結んだ 2013 年以降に関しては，アダプションチェーン・リスクが極めて低いと考えられる。

フュートレックは，パイオニアへの技術提供を皮切りに，音声認識技術の改善と製品企画を加速させ，自動車業界での認知向上と拡販を進めていくとし，多業界への進出・拡販を目指している。そのため，サイバーナビのエコシステムに参加することは有益であったと考えられる。パートナーがイノベーションに対して，自分たちにとっても有益なものであると考えていることから，フリーワード音声検索は，アダプションチェーン・リスクがなかったイノベーションといえる。

5.3　スマートループおよびスマートループアイ
5.3.1　スマートループ

スマートループは，パイオニアが持つ通信環境とノウハウを生かしたカーナビ間の独自ネットワークである。ドライブに役立つ便利な情報をユーザー同士で共有するプローブ（走行履歴）情報システムによって，ユーザーから集められた走行履歴などのデータを専用サーバーで解析・整理し，参加ユーザーに還元する。自分のデータを提供するだけで，参加者全員が持つ膨大かつ貴重な情報を手に入れることが可能となる機能である。

スマートループは，過去の製品からノウハウを積み上げていった技術・サービスである。その中の 1 つのスマートループ渋滞情報は，VICS[7]ではカバーしきれない道路の交通状況を補完するべく生まれたユーザー参加型のイノベー

ションである。2006 年からプローブ収集がスタートし，2007 年からスマートループ渋滞情報として配信するようになり，現在でもその機能が受け継がれている。スマートループ渋滞情報のためにこれまで集まったプローブの累計走行距離は 36 億 km を超えており（2013 年 9 月時点），膨大なビッグデータといえる。また，現在 VICS がカバーする道路長は約 70,000km，一方スマートループ渋滞情報は約 700,000km であり，全国の主要道路をほぼ網羅している。

5.3.2 スマートループアイ

スマートループアイは，サイバーナビに付随しているクルーズスカウター（CS）ユニットのカメラで，スマートループアイスポット通過時に撮影された画像を他のサイバーナビユーザーと共有できる機能である。走行履歴だけでなく特定の場所の画像もアップロードし，後続車に配信することで，よりリアルな状況を直感的に把握できるようになる。スマートループ技術を引き継ぎ，AR（拡張現実）技術と融合させることでスマートループアイという機能として落とし込んだ。また，スマートループアイスポットは，スマートループで収集してきたデータをもとに，渋滞が多い道路に設置されている。実際に画像を撮影し，そこに情報を重ねたものをユーザー同士で共有し合うという考え方は革新的なものであった。

5.3.3 分析―アダプションチェーン・リスク

このイノベーションには，以下のアダプションチェーン・リスクが存在した。

まず，スマートループアイの価値向上には CS ユニットを付けたユーザーが多く走行し，データを常にアップロードすることが必須条件となるが，ユーザー同士で価値を高めていく前提であるため，その価値が製品の普及度合いに委ねられているというリスクがある。これは，スマートループについても同じことがいえる。そのため，市場投入の早い段階でスマートループアイの価値を前面に押し出す活動や，機能操作に詳しくないユーザーのために導入の敷居を

---

7) VICS は，渋滞や交通規制などの道路交通情報をリアルタイムに送信し，カーナビゲーションなどの車載機に文字・図形で表示する情報通信システムである。

下げる製品設計が必要であった。つまり，このことからユーザーもエコシステムのパートナーと考えて，アダプションチェーン・リスクを考慮する必要がある。

次に，店頭での価値伝達の難しさというアダプションチェーン・リスクも存在した。機能の価値を十分に伝えるためには，運転中に近いシチュエーションを体感し，その価値を想起してもらうためのプロモーションが必要であった。そこでパイオニアは，量販店の販売員がカーナビゲーションコーナーに常駐し，丁寧に商品説明することは難しいと考え，什器を各店頭の展示スペースに収め，デモ映像と疑似体験で販促活動を行った。

5.3.4 分析―スマートループ，スマートループアイにおけるエコシステムの継承

スマートループは，2006年から構築されてきた情報やシステムを受け継ぎ，継承してきたイノベーションである。スマートループアイは，スマートループで収集したデータをもとにスマートループアイスポットを設け，適切な画像を共有できるようにしたイノベーションである。つまり，これらは，2006年から構築された，エコシステム内の既存の要素を継承したイノベーションである。

以上のことを踏まえた価値設計図を，図3-2に示した。

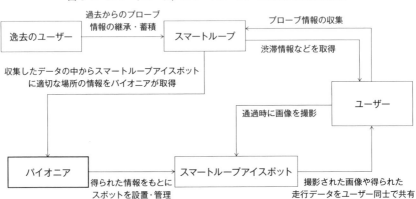

図3-2 スマートループ，スマートループアイにおける価値設計図

出所：筆者作成。

5.3.5 分析—エンドユーザー同士がパートナー

ここでは，5.3.3 で得られた事実をさらに分析する。このイノベーションには，ビジョナリー・ユーザー層が必要不可欠である。彼らが積極的に情報を発信することにより価値が高まり市場に受け入れられやすくなっていく。イノベーションの価値を高め，市場に受け入れてもらうためには，エンドユーザー同士がエコシステム内で価値を提供していかなければならない。つまり，ポジティブ・フィードバックの 1 回転目をいかにして起こすかという問題である（平野・ハギウ，2010）。平野・ハギウ（2010）は，自社の持つキラーコンテンツ[8]をテコにしてプレーヤーを新たなプラットフォームに引き込むことが効率的であるとしているが，パイオニアはスマートループと AR というキラーコンテンツをテコに，それらの既存機能よりもさらなる高機能を実現したいユーザーを引き込もうとしている。また，既存機種にオプションを買い足すだけで機能を実現できるようにするなど，エコシステム内にエンドユーザーを参加しやすくしている。

5.3.6 分析—パイオニアの計画と実際の相違

パイオニアの予想に反し，ユーザーの購買理由では店頭の販売員からの勧めが大きな割合を占めていた。つまり，パイオニアは，無人でも売れるプロモーション戦略を考え，実行していたのにも関わらず，結果は予想に反して，販売員が顧客に勧める力が大きく，販売員に対するマネジメントが重要であった。このような計画と実際との相違があり，課題を残した。

5.4 地図データ

パイオニアに地図データを供給しているのが，グループ会社のインクリメント P 株式会社である（以下 ipc）。以前はパイオニアが最初に GPS を使ったナ

---

8) キラーコンテンツとは，平野・ハギウ（2010）によると，製品やプラットフォームにとって人気のコンテンツやサービスのことであり，ブランドを形作る最も重要な要素のことである。本製品の渋滞対応力・ルート探索などの高機能は，スマートループという独自のネットワークがあって初めて実現できた。サイバーナビのターゲットが高機能を求める顧客であることや，主にサイバーナビユーザーに高機能嗜好があることを考えると，この技術はキラーコンテンツに相当すると考えられる。また，AR についても同じことがいえる。

58　第 3 章　新製品開発のエコシステム・マネジメント：パイオニアのカーナビの事例

ビを開発する際のパイオニアの一部署であった。1994 年にパイオニアの全額
出資で分社化し，1995 年からパイオニア製カーナビシステムに地図ディスク
の供給を開始した。ipc がエコシステム内で主に担っている役割は，地図デー
タ提供と地図更新である。地図更新には主にマップチャージとロードクリエイ
ターがある。マップチャージとは新しい道路や渋滞予測データなどの情報を
アップデートする機能である。ロードクリエイターとは，走行軌跡データをも
とに新しい道路データを自動作成する機能である。

　カーナビで実際にユーザーが見ている地図の約80%[9]を ipc が提供しており，
色合いや独自スポットについてはパイオニアが管理している。その中に地下駐
車場のマップデータなど，パイオニアのみに特別に納入しているデータがあ
る。また，他社は ipc に対して予め要求仕様を決定した上で要求しているが，
パイオニアは企画段階から共同で構想を行っており，地図データの提供だけで
なく商品開発の上流工程から検討に加わる機会もあるため，パイオニアにとっ
てコンテンツもデータ加工も自由にきくパートナーである。パイオニアとはロ
イヤリティ支払形式を採用し，提供したデータ群を積んだナビが 1 台売れるご
とに，地図データ更新では更新を行ったユーザー 1 人当たりに対して売上を得
る。さらに，実機を積んだ車が走行し，蓄積された走行情報を ipc が入手でき
る仕組みになっており，ipc にとっては，現実世界の変化点情報を収集するヒ
ントになるため，自ら新しい道路情報を探すよりも格段に効率よく情報を得る
ことができる。

　ipc は，主に，クラリオン株式会社，株式会社 JVC ケンウッド，富士通テン
株式会社，三菱電機株式会社など，パイオニアの競合企業にも地図データを提
供して収益を得ており，カーナビ業界全体にとっても重要なパートナーであ
る。他社に地図データを供給することは，パイオニアにとっても利点がある。
ipc の利点は利益が出ることと価値提供力が上がることであり，パイオニアの
利点は，連結決算の数値に貢献することである。また，ipc の収益向上かつ経
験効果から価値提供力が上がると，パイオニアも様々な要求が容易になる。

　以上のように，地図データは非常に重要であるが，ipc は，パイオニアの

---

9)　これは，ipc の担当者の意見であり，この数字の根拠となるデータが存在するわけではない。

100％出資の子会社であり，パイオニアのイノベーションを確実に受け入れる。よって，アダプションチェーン・リスクは存在しない。

5.5　仲介者との関係性

　イノベーションの価値を提供していくためには，エンドユーザーと最終的につなぐ仲介者（本章ではカー用品量販店の販売員とカーディーラーのディーラーマン）に受け入れられる活動が重要である。

　カーナビはライン純正，オプション純正，市販品ナビの3つのルートで販売されている。サイバーナビは主に市販品ナビのルートで流通し，一部カーメーカーにはオプション純正品として供給しているが，2010年から2012年の国内のカーナビゲーションメーカーの販売台数では，市販品の比率が下がっている状況であり，市販のカーナビでは低価格帯のメモリーナビの販売台数が伸長し，超低価格帯のPNDナビと中高価格帯のHDDナビが下がっている状況である。サイバーナビはHDDナビに属しているため，市販品とHDDナビの両方の市場規模の減少に苦しんでいる。サイバーナビのストレージについては，パイオニアは，市場の動向を見てHDDからメモリーナビでも使われているSSDといったストレージに変更するか考える必要があるとしている。さらに，業界全体は単価下落に陥っており，2010年上期から2012年上期の2年間で単価は約15,000円下落している。

5.5.1　パイオニア→カーメーカー量販店

　カロッツェリアは，ブランド力とシェアが高く，歴史も長い事業ブランドであるため，比較的好意的に受け入れてもらうことができる。しかし，新規取引開拓では，価格帯が高いため定期的な取引に至るケースはほぼない。このため，各量販店に対しては新作発表会，勉強会，売り場提案で販促活動を行っている。勉強会はパイオニアの営業スタッフが店舗へ出向き，閉店後に2時間程度実施している。ただし，勉強会を開くことによって多少なりとも製品を理解できるが，すべて説明できる水準になるわけではなく，他のカーナビメーカーにおいても同程度の水準である。サイバーナビはフラッグシップモデルのため，新規導入し難い面を持つ。そこで，仲介者に対して商談のタイミングで

キャンペーンも行う。しかし，他のメーカーも行っているためサイバーナビに特化したインセンティブになっていない。

仲介者にとって，高価格帯のナビを売っても見た目の売上は伸びるが収益にはつながらない。そこで，価格の低い ZH0007 を勧めてスピーカーなどのオプション品へと話をつなげていく必要がある。しかし，AR HUD や CS ユニットのオプション品に関しては，大きな渋滞があまり発生しない地域や複雑な構造をした道路が少ない地方地域では価値を十分享受できず，しかも値段が高くなるため，支持されていない傾向にある。さらに，機能が多すぎるため説明の落としどころが難しい。一方で，魅力的な機能が多いことも事実であり，販売員の話の種にもなることから，取り扱いに関して比較的プラスのイメージを持っており，それには高いブランド力とそれに見合った性能が裏付けとしてある。

前述した通り，今後，市場動向に合わせてサイバーナビのストレージもHDD から SSD のような他のストレージへと変化させるという考え方が俎上に上がる可能性もある。メモリーナビは値段が安く，来店したその日に買ってもらえる確率が高い。しかし，量販店側は，サイバーナビ自体はこのまま HDDでも良いと思っている。HDD ナビが少なくなりメモリーナビが大半になっているからこそサイバーナビ＝HDD で差別化をすることができると考え，実際，年配のユーザーやリピーターも HDD に対するこだわりが強い。

5.5.2　パイオニア→カーメーカー→カーディーラー，パイオニア→代理店→カーディーラー

サイバーナビがカーディーラーを通じてエンドユーザーに提供されるには，パイオニアからカーメーカーに供給しオプション純正としてエンドユーザーに提供される形と，市販品のナビをカーディーラーが販売する形の 2 通りがある。オプション純正品では，AR HUD や CS ユニットなどを付随しているモデルは採用していない。カーディーラーではオプションの他，市販品を扱っているケースが多い。車と同時販売しやすいため，パイオニアはディーラーが市販品を扱うことに肯定的である。カーナビ事業全体でいえば，市販品は，オプションナビでは実現できない機能を埋めていくニッチの位置づけになってきている。

ディーラーにとって，サイバーナビはラインナップにあれば話の種にはなるため，話題性を持っているという印象がある。ディーラーオプション品に関しても，絶対販売しなければならないというものではなく，あくまで車を売ることが仕事であるためオプション品と市販品のどちらに対してもモチベーションはそれ程高くない。価格の高いカーナビがオプション品であると車の本体価格が高く見えてしまう場合もある点はマイナスである。しかし，ナビをオプションとして付けるだけで単価が上がって売上を見込めるため，業績につながるという一面もある。

5.5.3　分析―アダプションチェーン・リスク

サイバーナビは仲介者には比較的受け入れられているということができる。ただし，多くのナビの中の1つとして，あくまで顧客視点で価値提供をしている。その中で，CSなどの高機能があまり必要とされていないという，パイオニアにとっての課題が見出された。パイオニアは，単価下落の打開策として，オプションや付加価値をつけて価格を下げない努力をしている。しかし，オプションをつけるとさらに高価格になり価値も説明し難くなるため，仲介者にとってはユーザーに勧め難いというエコシステム内に意識の差が生じている。また，ストレージについても，今後パイオニアがサイバーナビのストレージを変更することがあれば，そのことに対する，パイオニアと仲介者との意識の差が生じる恐れがある。よって，量販店に関しては，アダプションチェーン・リスクが存在していることが明らかになった。

カーディーラーに関してはディーラーマンに対して勉強会や説明会はなく，各自で補う必要がある。また，車を販売することが仕事であるためカーナビの販売のインセンティブも高くない。パイオニア側ではディーラーマンにも受け入れてもらう活動が必要であるとしていたが，そのようなマネジメントは特に行われておらず，結合自体が弱いということができる。

62　第3章　新製品開発のエコシステム・マネジメント：パイオニアのカーナビの事例

6. 分析のまとめ

　ここでは，本章で用いたコーイノベーション・リスク，アダプションチェーン・リスク，価値設計図の分析および，質問事項 ③④ について得られた結果をまとめる。なお，これらの2つのリスクと価値設計図の分析については，質問事項 ① と ② から得られた結果による。また，全体および各部分のマネジメントについて，成功か失敗かを評価する。

6.1　価値設計図

　既に，価値設計図を図3-1に示したが，下記で，アダプションチェーン・リスクとコーイノベーション・リスクの評価を行うことによって，価値設計図の各要素に対するマネジメントについて説明する。

6.2　コーイノベーション・リスク

　パイオニアとフュートレックの関係に，コーイノベーション・リスクが見られた。フュートレックの音声認識システムがパイオニアの検索機能側で検索できる形式になっていない可能性があったが，パイオニア側で中間処理を担うことでフリーワード音声検索機能の実現を果たした。

　ドコモやipcとの関係には，コーイノベーション・リスクは存在しなかった。特にipcは関係会社であり，企画段階からパイオニアと共同で構想を行っているため，地図という重要な要素について，このリスクが存在していない。よって，通信モジュール，フリーワード音声検索，地図データに関するコーイノベーション・リスクのマネジメントは，成功といえる。なお，仲介者については，次のアダプションチェーン・リスクで述べていく。

6.3　アダプションチェーン・リスク

　AR HUD に対して，規制面でのアダプションチェーン・リスクが考えられたが，パイオニアは，法規制を担うパートナーに製品説明を行い，そのリスクを

予め取り除いた。ドコモについては，資本業務提携によって，アダプション
チェーン・リスクは極めて低かった。また，フュートレックでは，パイオニア
と協力することが自社の新事業進出に必要であると考えていたため，アダプ
ションチェーン・リスクは低かった。さらに，地図データに関しても，これを
担っている ipc はパイオニアの子会社であるため，アダプションチェーン・リ
スクが存在していなかった。

　スマートループ，スマートループアイに関しては，ユーザーをエコシステム
のパートナーと考えてアダプションチェーン・リスクを考慮する必要があるこ
とが明らかになった。また，仲介者に関して，店頭での価値伝達の難しさとい
うリスクも存在した。スマートループとスマートループアイに関しては，成功
か失敗かは判断できない。ユーザー同士が価値を共有できるように，多くの
ユーザーをエコシステム内に引き込む必要があった。そこで，既存のユーザー
に対しては，キラーコンテンツをテコにしてエコシステム内に引き込んだ。さ
らに，オプション品の充実や導入の敷居を下げる製品設計を行うことで，新た
なユーザーをエコシステム内に引き込む活動を行ったが，オプションの充実
は，量販店という仲介者の意識の差を生じさせてしまった。

　仲介者，特に量販店に関しては，販売員の影響力というパイオニアの課題が
見出され，仲介者にとって価値伝達の難しさが存在したこと，オプション品や
ストレージに対してパイオニアとの意識の差が生じていたことから，アダプ
ションチェーン・リスクが存在していた。カーディーラーに関しては，勉強会
などは実施されておらず，販売のインセンティブも高くないことから，ネット
ワークの結合自体が非常に弱いものであった。仲介者については，成功か失敗
かの判断ができないが，パイオニアのブランド力や話題性があるため，比較的
仲介者に受け入れられている。さらに，量販店に対しては，勉強会やキャン
ペーンを行うことにより，アダプションチェーン・リスクを軽減しようとして
いる。

　よって，AR HUD，通信モジュール，フリーワード音声検索，地図データに
関するアダプションチェーン・リスクのマネジメントは成功しているといえる
が，一方，スマートループおよびスマートループアイ，仲介者に関して，アダ
プションチェーン・リスクのマネジメントは成功と失敗の中間と判断するのが

64 第 3 章 新製品開発のエコシステム・マネジメント：パイオニアのカーナビの事例

妥当であると考えられる。

6.4 質問事項 ③ リーダー企業が成功するときのパートナーの利益。パートナー企業が成功するときのリーダーの利益

　5.4 の事例から，パイオニアと ipc の間に「リーダーが成功するときにパートナーも利益を得ることができ，パートナーが成功するときにリーダーも利益を得ることができる」という関係性が成り立っていた。ipc は，ナビが 1 台売れ，データが更新されるごとに，売上を得るだけでなく蓄積された走行情報を入手できる。また，ipc がパイオニア以外から収益を上げるとパイオニアの連結決算に貢献し，さらに ipc に対する様々な要求が容易になる。よって，この質問事項に関したマネジメントは成功といえ，地図というカーナビの重要な部分に関してインセンティブの問題も回避されている。

　ドコモに関しては，パイオニアからドコモへ支払う通信料金は 3 年間固定であるため，ドコモは 3 年間の収益を確保できるが，その後は，パイオニア製品の価値に大きく左右される。そのために，ドコモは，通信サービスを向上させていき，パイオニアは，製品機能やサービスを発展させ，結果的にドコモの利益として帰ってくる。よって，この質問事項に関したマネジメントは成功と判断できる。

　フュートレックでは，フリーワード音声検索に対応したカーナビが 1 台売れるごとに，パイオニアからロイヤリティが支払われており，利益がパイオニアの成功に左右されている。さらに，前述した通り，パイオニアは業界のリーダーであるため，フュートレックの音声認識機能がカーナビ業界で注目されれば，自動車業界への進出や拡販が実現することになる。パイオニアにとってもフュートレックの技術により，より高機能なカーナビを開発することが可能になる。よって，この関係性においてもインセンティブの問題は回避され，成功していると考えることが妥当である。

　仲介者に関しては，特筆すべき特徴は見られず，一般的なメーカーと小売店との関係性だと判断でき，分析のまとめ 6.3 の仲介者について得られた結果と同じようなインセンティブの度合いである。

6.5 質問事項 ④ 従来構築されたエコシステムの継承と活用のマネジメント

パイオニアとフュートレックとの関係性や，スマートループとスマートループアイ機能から，エコシステム継承と活用を行っていることが明らかになった。パイオニアはフュートレックを，ドコモとのエコシステムのつながりから，サプライヤーとしてエコシステムに引き込んだ。従来構築されたエコシステム内の横のつながりを活かすことでイノベーションを打ち出した。また，スマートループは，2006年からエコシステムを継承してきたことによって業界でも著しい情報量を誇っている。そして，スマートループアイは，スマートループで入手した情報をもとに運営されており，スマートループの既存ユーザーをエコシステム内に引き込もうとした。この質問事項に関してもマネジメントできているといえる。

7. 考察

ここでは，分析のまとめの結果をもとに考察を行っていく。

図3-1の価値設計図から，本章におけるパイオニアのサイバーナビの価値設計図には，それぞれを担う多様なプレーヤーやエンドユーザーが存在しており，全体でみるとおおむねオープンで自立性を持ったエコシステムの特徴がみられた。

6.2のコーイノベーション・リスクのマネジメントについて，Adner（2012）は，補完者に課題がある場合は，イノベーションのタイミングを待つことも重要であるとしているが，本章のフュートレックに見られたパイオニアの対応はこれと異なる。パイオニアは，技術について「待つ」のではなく，自らも機能の一部を担うことにした。自社の経営資源をパートナーの役割を助けるために向けることは，コーイノベーション・リスクのマネジメントにおいて非常に重要であると考えられる。

6.3では，アダプションチェーン・リスクに関係した，リーダーと仲介者との間にオプション品やストレージに対する意識の差や，製品の価値伝達の難し

さが見られた。Adner（2012）は，アダプションチェーン・リスクのある小売
業者を補うために，代わりのパートナーや別経路を探したり，エンドユーザー
が享受できる価値を減少させてまでも，小売業者の結合がプラスになるように
する必要があるとしている。本章で扱った市販品のサイバーナビの仲介者に
は，カーディーラーも存在しているが，分析からカーディーラーとの結合が弱
いことも分かった。また，サイバーナビは新規取引契約が結びにくい製品であ
り，代わりのパートナーや別経路を探すことは最善な戦略とは考えにくく，顧
客が享受できる価値を下げてまでも，小売業者の結合を強くする戦略が必要に
なると考えられる。

　6.4 で得られた ipc との関係性は，パイオニアの特徴的なマネジメントの 1 つ
である。ipc がパイオニアの競合企業に地図データを提供しているということ
は，パイオニアは他のカーナビメーカーが上げた成功の恩恵を間接的に享受し
ているということである。ipc は，パイオニア（2012 年カーナビ国内市場シェ
ア 33.8％）以外に，富士通テン（同 14.3％），JVC ケンウッド（同 7.3％）に地
図データを供給し，これらのシェア合計は 55.4％と過半以上であり，さらにク
ラリオンや三菱電機にも供給していて，業界内で非常に強いポジションにあ
る[10]。柴田（1994）は，完成品のレベルでトップシェアを取っているメーカー
が業界に対して量産効果を持ったキーパーツを持つことは，キーパーツを介し
て自社のコスト優位を大きくし，フォーマット内競争でも優位に立てるとして
いるが，これはパイオニアと ipc の関係においても当てはまる。さらに，ipc が
カーナビゲーション業界に高付加価値の地図データを提供することは，業界と
いうエコシステム全体に高水準のナビゲーションを提供する形で健全性をもた
らすことになる。業界に影響力が大きいプレーヤーをグループ会社に抱え，か
つパートナーとして存在していることでパイオニアはカーナビゲーションとい
うエコシステムにおいて，キーストーン（Iansiti & Levien, 2004）の立場にい
ることがわかる。

　しかし，この関係性には課題も考えられる。ipc に対して，安価な PND 市場
を狙った多くの新参企業が地図データを依頼している。よって，安価で高品質

10）　日経産業新聞（2013）による。

なカーナビが市場に出てくるようになると，機能的な差別化で価格差があり，ターゲットが違うとはいえ，市場が低価格化していく恐れがある。

　最後に，6.5のエコシステムの継承と活用についてである。スマートループは2006年から継承し続けてきた機能であり，蓄積された情報も膨大である。これは，多くのユーザーが，これまでプローブ情報を発信し続けてきた結果である。このことから，スマートループというキラーコンテンツと，ユーザーという，スマートループの価値を向上させてくれるエコシステムのパートナーを継承してきたことが，サイバーナビが据え付け型市場でトップシェアを誇っている要因の1つであると考えられる。Adner（2012）によると，アップルのiPhoneの成功要因は，それまでのiPod上でのキラーコンテンツである，ミュージックライブラリのユーザー個人の履歴を継承したためとされている。パイオニアに関しても，同じことがいえる。つまり，エコシステムの継承では，自社のキラーコンテンツを継承していくことが有効だと考えられる。また，フュートレックとの関係性では，パイオニアはそのエコシステム内のドコモとのつながりを活用して，フュートレックをエコシステム内に引き込んでいた。エコシステムの既存のパートナーとつながりを持った主体に目を向け，自社のエコシステムに引き込むことは，時間的な面でも非常に効率が良い。椙山・高尾（2011）は，エコシステムの範囲をどう定めるかという視点で分析を行っているが，本章の事例では，ユーザーもエコシステムのプレーヤーとなる。すでに述べた通り，製品供給まで含めたエコシステムの先行研究は数少ない。その中で，本章で取り上げ，見出されたように，顧客を含むエコシステムの論点は興味深い。

　以上の分析のまとめからの考察により，エコシステムを製品開発と製品供給とに分類した場合，パイオニアは製品開発という自社に近い要素については確実かつ特徴的にマネジメントできているが，製品供給の面では，計画と実際との相違や仲介者との意識の差といった問題が存在していた。

　また，本章では，分析枠組み以外の視点でも興味深い事実が得られた。まず，パイオニアのエコシステム内でミドルウェアとデータを提供し，パートナーであるドコモ，フュートレック，ipcは，並行して自社でイノベーションを行っており，これらの企業は自社のエコシステム内でリーダーの立場にも

68　第3章　新製品開発のエコシステム・マネジメント：パイオニアのカーナビの事例

なっているだろう。このように同じ企業でもリーダーにもなればパートナーにもなる可能性がある。

　次に，技術力向上を支援したパートナー企業は，自社と異なる別の企業と取引を開始してしまう可能性がある。こういった問題に対して，本章の事例から，パイオニアは，フュートレックと秘密保持契約を結ぶことにより，機会主義的な行動を抑制していることが明らかになった。一方，ipc に対しては，地図データを外販していくことでパイオニアは利益を上げているということが明らかになった。つまり，ipc では，パイオニアのライバル企業にデータを外販している点で，機会主義的な行動をとっているといえる。よって，パイオニアは，パートナーの機会主義的な行動に対して，状況に応じて，上手にコントロールしている。

　本章のサイバーナビのエコシステム内のプレーヤーは，自社と，独立したプレーヤー，そして，ipc やドコモのような社外であるが資本関係のあるプレーヤー，の３種類に分類できる。つまり，地図データや通信回線という，重要かつ長期的に使用していくような機能を担うパートナーには，パイオニアは資本関係によってコントロールしているのではないだろうか。この２つの要素は，製品販売後も，地図データの更新と通信サービス利用により，顧客に価値を提供し続けていくサービスや技術であり，出資関係や資本業務提携でコントロールする必要があると推測される。これは，従来のエコシステムの研究では，あまり議論されていない点である。

　分析のまとめと以上の考察から，イノベーション・エコシステム内の関係性を円滑にし，自社のイノベーションをエンドユーザーに確実に価値提供でき，かつ業界で競争優位に立つ可能性を持つための重要なマネジメントの条件として，本章では以下の３点が明らかになった。

　(1)　自社がパイオニアのようなイノベーション・エコシステムのリーダーである場合，単なる技術の集積者でなく，パートナーに課題があれば，その課題を共にマネジメントできていること。

　このことは，コーイノベーション・リスクとアダプションチェーン・リスクの分析から得られたことであり，フュートレックと仲介者の事例からいうことができる。フュートレックに関しては，システムの一部をパイオニアが補い担

うことによってコーイノベーション・リスクを取り除いていた。また，仲介者に対しては，勉強会や新作発表会を行うことで，イノベーションの価値説明の難しさといった，アダプションチェーン・リスクになり得る要因を取り除く活動を行った。さらに，ドコモやフュートレック，ipc との関係性において，パートナーの機会主義的な行動をコントロールし，協調的なマネジメントを行っていることからもこの条件が得られた。

(2) 自社の属する業界にとってのキーパーツになり得る存在をイノベーション・エコシステム内のパートナーとしていること。

この条件は，地図データというキーパーツを提供する ipc との関係から得られたことである。さらに，ipc はパイオニアの 100％出資の子会社であり，2つのリスクが存在しないようにマネジメントが行われていた。これは，Adner (2012) の考えるエコシステムの定義に，資本関係や社内ネットワークも含めて分析したことによって得られた結果である。

(3) 自社の既存の技術・サービス・インフラをキラーコンテンツに，エコシステムの活用と継承ができていること。

すでに分析のまとめの 6.5 で得られ，さらに考察したことであり，フュートレックとの関係性や，スマートループとスマートループアイ機能の事例からいうことができる。特に，スマートループに関しては，エコシステムを継承してきたことが据え付け型市場トップシェアの要因となっているといえる。

なお，これらの条件は，本章で用いた Adner (2012) のイノベーション・エコシステムの論点が前提にあり，また，必要条件ではなく，マネジメント上の指針である。

本章では，調査の課題や議論が及ばない点もある。まず，調査の限界により，関係するプレーヤーすべてまでは取材を行うことができなかったことである。たとえば，本来ならば，カーメーカーからの情報を収集し，分析に加えるべきであるが，本製品の OEM 先であるスズキ株式会社と富士重工株式会社に取材を依頼したが断られたため，情報を得られなかった。また，ドコモなどのプレーヤーにも取材を行うことができなかった。よって，このような点で得られた情報の記述の分厚さの点でやや課題を残した。これについては今後，対応していきたい。さらに，パイオニアの競合企業との比較分析である。競合他社

がどのようなエコシステム・マネジメントを行っているのか知れば，より分析を深められるだろう。

8. 結論

　本章では，イノベーション・エコシステムの概念を用いて，企業が新製品を開発し，顧客に供給する際の外部企業とのマネジメントをどのように行っているのかについて，日本企業の事例としてパイオニアのカーナビゲーションシステム「サイバーナビ」の事例の詳細を調査分析した。

　分析結果から，イノベーション・エコシステムを製品開発と製品供給とに分類した場合，パイオニアは製品開発という自社に近い要素については確実かつ特徴的にマネジメントできているが，製品供給の面では，計画と実際との相違や仲介者との意識差という問題が存在しているという結論を得た。また，イノベーションの成功可能性を高めるための，イノベーション・エコシステムのマネジメントに関する 3 つの条件を提示した。

　本章により，分析に用いた Adner（2012）の分析枠組みをイノベーション・エコシステムのマネジメントに用いることの有効性が明らかになった。よって，実務家はこれらを用いて，より確かにイノベーションを行うことができる。さらに，長期的に使用する技術やコンテンツを持つパートナーに対して，資本関係を利用して機会主義的な行動を抑制することも必要である。

第4章

オムニチャネルの消費者行動：
Web 調査による都市部と地方の比較分析

1. はじめに

　前章では新製品開発を取り上げたが，新商品を販売する際には顧客や消費者の行動の分析が重要となる。本章では，マーケティング研究の中核分野の1つである消費者行動について取り上げる。特に，近年のインターネットの普及により，現在の消費者行動で最も重要といえるオムニチャネルにおける消費者行動に焦点を当てる。

　本研究の目的は，オムニチャネル戦略において，オンラインとオフラインを行き来する消費者行動に着目し，そのプロセスを都市部と地方（東北）で比較調査分析し，どのような違いがあるのかを明らかにすることである。

　スマートフォン（以下，スマホ）が普及したことにより，オンラインとオフラインを行き来しながら消費行動をとる「オムニショッパー」か現れている。たとえば，店舗に来店しながら，その商品をスマホで検索し，商品の口コミやオンラインショップでの価格を調べ，商品の購買を決め，店舗ではなくオンラインショップで購入する行動をとる。これに対応するのがオムニチャネル戦略であり，「店舗，オンライン，カタログと多様化した消費者の購買の選択肢をシームレスに囲い込み，魅力的な顧客経験を提供する戦略」（ジェイ広山，2014）で，海外や都市部ですでに実施され，米国の Macy's や複数の国内企業において効果が表れており，小売業における最先端のマーケティングとして注目されている。

　しかし，この戦略では，従来のインターネット・マーケティングと異なり，

リアル店舗というオフラインの要素が含まれ，その消費者行動プロセスの地域における格差が発生することが推測される。

　よって，本章では地方である東北におけるこの戦略の実際や効果を明らかにするために，東北地方で行われているオムニチャネル戦略の効果について企業へのインタビュー調査を行う。そして，得られた問題意識や実態を基に，オムニチャネルの消賢者行動プロセスについてインターネット・マーケティング・リサーチ（Web 調査）を行い，得られたデータを都市部と東北で比較分析して，考察する。

2. 先行研究

　現在の小売業を取り巻く環境について，Rigby（2011）は，スマホなどのデジタル機器やデジタル情報が，すでに店舗売上の約 50％に影響しているため，オムニチャネルという考え方を取り入れる重要性を主張し，坂田（2014）は，ユーザーはシームレスでインターネットを利用していると述べている。また，松浦（2012）は，オムニチャネルの前提となる O2O（Online to Offline）ビジネスが「新しい消費者」やそのスタイルを生み出すと主張している。このような消費者行動の変化は好機であり，岩田（2013）や Vollmer and Precount（2008）は，スマホの出現により，各個人に合わせたマーケティングをすることが可能になったと述べている。

　これに対する企業の動きとして，Bell et al.（2014）は，小売業界が，顧客の要望に連動するコンシェルジュ・サービスに移行しつつあると主張し，実際に松浦（2014）と中村（2014a）の g.u.，金森（2014）の日本交通の事例から，国内企業もオムニチャネル戦略をすでに実施していることがわかる。さらに，この戦略の効果として，中村（2014b）のアパレル業界のアーバンリサーチや多田（2014）のセブン＆アイおよび大丸松坂屋百貨店の事例が示されている。

　一方，オフライン要素について，店舗の立地などの地域性は，従来から地方での消費者行動に影響を及ぼすと長年研究されてきた（生田，1996）。たとえば，地方での大型ショッピングセンターの消費者行動への影響（千葉，2013）

や，オンラインショッピングが普遍的になっている現在におけるリアル店舗の独自性（朝永，2013）が研究されている。しかし，オムニチャネル戦略における地域性については，『平成26年版情報通信白書』（総務省，2014）に国別のオムニチャネルの消費者行動に関する動向が提示されている程度であり，国内の地域性に関する研究はまだ行われていない。

　また，インターネット利用率は，国内でも地域差があり，オムニチャネル戦略の実際やその消費者行動にも違いが生じるはずである。よって，オムニチャネル戦略における消費者行動プロセスの都市部と地方での比較調査分析を行う意義があると考える。

3. リサーチクエスチョンおよび研究方法

　リサーチクエスチョンは，オムニチャネル戦略における消費者行動について，地方（東北）と都市部での調査分析を行い，オムニチャネル戦略の実際，その成果と要因，オフライン要素の効果，都市部との消費者行動プロセスの違いを明らかにすることである。

　まず，東北地方でのオムニチャネル戦略の実際と効果などについて，この戦略を実施しているヤマダ電機本店，洋服の青山山形店，および東北でも営業を行い，美容機器・用品のネット販売を行うビューティガレージの3社にインタビュー調査を行った（2013年10月～14年2月）。次に，インタビューで得られた情報を基に，その知見を検証し，発展させるために，インターネット・マーケティング・リサーチを用いて，都市部と東北でのオムニチャネルの消費者行動プロセスを調査し，比較分析した

　インターネット・マーケティング・リサーチは，マクロミルに委託し，2015年1月6日～9日に，480サンプルに対し，5分野15商品分野について，本章で提示した分析枠組みを用いて行った[1]。

74　第4章　オムニチャネルの消費者行動：Web調査による都市部と地方の比較分析

4.　インタビュー調査結果のまとめ

　インタビュー調査の結論としては，東北でのオムニチャネル戦略の効果はどの企業も芳しくないということであった。原因は，その販売方法が，顧客に認知されていないことと，今までのリアルの購買システムが根強く残っており，オムニチャネル戦略のためのインフラが整っていないことであった（表4-1参照）。

5.　消費者行動プロセスのモデルと仮説の提示

　本章で分析枠組みとして用いるオムニチャネル戦略における消賢者行動プロセスのモデルと仮説を提示する。消費者行動プロセスとして，最も有名なのがAIDMA（「注意」→「興味・関心」→「欲求」→「記憶」→「行動」）であるが，インターンネットが普及する以前のモデルである。インターネットの購買行動を考慮したモデルとして，電通が提唱したAISASすなわち，「注意」→「興味・関心」→「検索」→「行動」→「共有」というプロセスがあり，「検索」

---

1)　インターネット・マーケティング・リサーチの内容は，以下の通りである。
　・サンプル数：480（ただし，実際には抽出の関係からサンプル数は504になった）。都市部・男性・20代／30代／40代以上。都市部・女性・20代／30代／40代以上。東北（仙台を除く）・男性・20代／30代／40代以上。東北（仙台を除く）・女性・20代／30代／40代以上。以上，12セグメントを同数40人ずつ合計480人。
　・対象者：都市部（東京都内）と東北（仙台を除く）のインターネットおよびスマホの両方を利用している人。
　以上を，東北各県で均等に，さらに県庁所在地とそれ以外の地域で均等抽出。ウェイトバック修正は行っていない。
　・対象商品：(1) 食料品（① 日常食料品，② 嗜好品，③ 自然食品など専門食品），(2) 書籍類（① 本，② CD，③ DVD），(3) 家電（① 数千円程度の小型家電，② 数万円程度のデジタルカメラなど持ち帰れる小型家電，③ 数万円程度の冷蔵庫やテレビなど大型家電），(4) アパレル（① ユニクロのような定番日用洋服，② 数千円程度のファッション性のある洋服，③ 1万円以上のブランド洋服），(5) 高級ブランド品（3万円以上のもの）（① ブランド財布，② ブランドバッグ，③ ブランド装飾品）。装飾品は，女性はジュエリーアクセサリー，男性は時計とする。

5. 消費者行動プロセスのモデルと仮説の提示　**75**

表4-1　各社へのインタビュー結果のまとめ

リサーチクエスチョン／企業名	実際に行っているオムニチャネル戦略	同戦略の成果	成果の要因	オムニチャネル戦略におけるリアル店舗（オフライン要素）の役割
ヤマダ電機（山形本店）	「社員お届けサービス」（ネット購入品を届けて設置）「ヤマダマルチSNS」	山形本店では実績なし。東北全体では青森の店舗で数件の実績有り。	認知度が低い。	「社員お届けサービス」のための利用。ニーズの訊き出しと商品の提案。
洋服の青山（山形店）	「マルチサイズ」（店舗で購入したサイズを登録し，オンライン購入時に提供）	山形店での利用者は少ない。	認知度が低い。結局は店舗に行くため，普通体型の人に利用価値が無い。	「マイサイズ」のための利用。
ビューティガレージ（本社）	販売形態そのもの（ネット販売に加えて，全国各地にショールームを設置）	東北ではターゲット層のネット利用が進んでおらず，効果は出ていない。	インフラが整っていないため，ターゲット層のインターネット利用率が低い。	物流センター，ショールーム，中古品の現物確認，コンシェルジュサービス。

出所：筆者作成。

と「情報共有」が購買決定に大きな影響を及ぼすEコマースに特徴があるが，オムニチャネル戦略の消費者行動プロセスを分析するには不足する。この点を考慮したモデルとして，野村総合研究所が提唱したARASLすなわち，「認知」→「送客」→「購買・利用」→「共有」→「再利用」というプロセスがあり，どの段階でもネットとリアルの融合が意識され，オンラインの認知からオフラインの購入へ誘導する「送客」が特徴である。しかし，「認知」は，リアル店舗の在庫確認を主に意味し，「購買・利用」は，ネットで何かアクションを起こしてからリアルで得るという動きが前提で限定的である。もう1つのモデルとして，松浦（2014）が提示した「認知」→「比較・検討」→「購入」→「受取」→「評価・共有」というプロセスがあり，オムニチャネルの特徴として，「比較・検討」や「受取」がある。

　以上の議論から，本書で分析枠組みとして用いるオムニチャネル戦略における消費者行動プロセスのモデルとして，AISASと松浦（2014）のモデルの特徴を組み合わせて，「認知」→「関心」→「比較・検討」→「購入」→「受取」→

76　第4章　オムニチャネルの消費者行動：Web調査による都市部と地方の比較分析

図4-1　本章で用いる消費者行動プロセスの分析枠組みと仮説群

	認知	関心	比較・検討	購入	受取	共有・評価
ネット	↓A-2		B-2 ↓D-2 C-1→			F-1
リアル	A-1→		D-1→ B-1 ↑C-2	E-2↑	←E-1	F-2

出所：筆者作成。

「共有・評価」というプロセス（図4-1）を提示する。図4-1により，オムニチャネルの消費者行動プロセスのこれらの6つの各段階で，消費者がネットかリアルのどちらを選択するかを示し，回答者の消費者行動プロセスのパターンを特定する。なお，「ネット」とはインターネットを介するメディアを指し，「リアル」はインターネットを介さないメディアを指す。

　次に，本章で検証する仮説を導出する。その前提条件は以下の通りである。① 都市部と比較して，仙台を除く東北（以下，「東北」とする）は店舗数が少ない。② 都市部と比較して，東北は消費者の収入が少ない（関東の平均年収を100とすると東北は79程度）。③ 都市部と比較して，東北は豪雪など自然環境か過酷である。④ 都市部と比較して，東北は車以外の交通手段が少ない。

　都市部より東北は，マスメディアや友人などのオフラインでの検索ツールが都市部と変わらないこと，および前提条件 ①，③ より，オフラインのメディアのある場所へ行くのが環境的に困難である場合が多いことから，次の仮説を提示する。

A-1：都市部より東北は，オンラインでの認知からオフラインで検索などの「関心」段階に移行する割合は低い。

A-2：都市部より東北は，オンラインの認知からはそのままオンラインでの検索などの「関心」段階に移行する訓合が高い。

　前提条件より，都市部より東北は，店舗の有無や数の問題，環境の問題が多いと考えられるため，次の仮説を提示する。

B-1：都市部より東北は，消費者行動において「比較・検討」におけるオフラインの割合が低い。

B-2：都市部より東北は，消費者行動において「比較・検討」をオンラインで行う割合か高い。

　ビューティガレージへのインタビューでの「東北での顧客は購買行動があまり変化しておらず，ネットを介した購買行動が普及していないように感じる」との発言から，次の仮説を提示する。

C-1：都市部より東北は，オフラインで「比較・検討」したとしても，それをオンラインで購入する訓合は低い（購買行動が変化していない）。

C-2：都市部より東北は，オフラインで「比較・検討」した場合は，そのままオフラインで購入する割合が高い（購買行動が変化していない）。

　Bの仮説と同様の理由により，次の仮説を提示する。

D-1：都市部より東北は，オンラインで「比較・検討」したとしても，オフラインでの購入の割合は低い。

D-2：都市部より東北は，オンラインで「比較・検討」した場合，そのままオンラインで購入する割合が高い。

　前提条件の①と③から，「受取」について，次の仮説を提示する。

E-1：都市部より東北はオンラインで購入し，オフラインで受け取る割合は低い。

E-2：都市部より東北は，オフラインで購入し，そのままオフラインで受け取る割合が高い。

　前提条件③より，「共有・評価」について，次の仮説を提示する。

78　第 4 章　オムニチャネルの消費者行動：Web 調査による都市部と地方の比較分析

F–1：都市部より東北は，「共有・評価」におけるオンラインの割合が高い。
F–2：都市部より東北は，「共有・評価」におけるオフラインの割合が低い。

　以上の仮説群を，図 4–1 の中に示した。

6.　インターネット・マーケティング・リサーチによる分析

6.1　集計結果

　リサーチの集計結果を表 4–2 に示した。これは，前述の分析枠組みのプロセスの「認知」→「関心」→「比較・検討」→「購入」→「受取」→「共有・評価」について，商品分野ごとに質問を行い，ネットまたはリアルのどちらか 1 つを回答した結果である。

　消費者行動プロセスの大まかな傾向を見ると，すべての商品分野に共通して，消費者行動プロセスの前半，特に「関心」「比較・検討」では，後半に比べてネット比率が大きかった。都市部と東北の違いでは，まず，ブランド洋服やブランド品など高価なものでは，プロセスを通じて，東北のほうが都市部よりネット比率が大きかった。洋服では，価格が高くなると，プロセス全体で東北のほうが都市部よりネット比率が大きくなる。日常食料品や嗜好品では，プロセス前半で都市部のほうが東北よりネット比率がやや大きい。自然食品では，「購入」で東北のほうが都市部よりネット比率がやや大きい。数万円の小型家電では，「購入」で東北のほうが都市部よりネット比率がやや大きい。以上の事実には，地域による店舗数の違い，ネット利用による情報取得性や効率性，商品分野による品質評価性の差異購買の確実性の差異などが影響していると考えられる。

6.2　仮説の検証

　インターネット・マーケティング・リサーチの集計結果を基に，仮説群を商品分野ごとに検証し，その各サンプル数と真偽を表 4–3 に示した。

　仮説 A–1 については，サンプル数が同数または差が 1 つしかない項目もあ

6. インターネット・マーケティング・リサーチによる分析　　*79*

表 4-2　オムニチャネルの消費者行動プロセスでのネットとリアルのうちネット選択率

(％)

対象商品分野	地域	消費者行動プロセスの段階					
		認知	関心	比較・検討	購入	受取	共有・評価
1. 日常食料品	都市部	28.2	48.8	45.2	6.7	8.3	23.0
	東北	26.6	42.1	26.2	5.0	5.2	19.4
2. 嗜好品	都市部	31.3	66.3	51.6	13.9	12.3	25.0
	東北	30.6	55.6	41.7	12.3	11.9	21.0
3. 自然食品など専門食品	都市部	44.8	65.5	56.3	28.6	27.4	24.6
	東北	50.8	63.1	54.0	33.7	33.3	27.4
4. 本	都市部	51.6	71.8	69.0	41.7	42.1	33.7
	東北	56.7	74.2	66.3	47.2	44.8	31.3
5. CD	都市部	65.1	80.2	75.4	54.4	54.4	38.5
	東北	70.2	79.0	71.0	56.3	56.0	38.9
6. DVD	都市部	66.3	81.0	73.8	57.1	57.1	38.9
	東北	70.6	79.4	70.6	59.5	57.9	40.1
7. 数千円程度の小型家電	都市部	59.5	73.0	73.0	43.7	42.9	34.1
	東北	56.3	70.6	70.2	45.6	44.8	34.5
8. 数万円程度の小型家電	都市部	61.1	73.8	72.2	36.5	37.3	31.7
	東北	64.7	73.4	70.2	42.9	40.5	32.1
9. 数万円程度の大型家電	都市部	54.4	66.7	65.5	27.8	32.1	29.0
	東北	53.6	61.9	59.9	23.4	26.6	25.0
10. ユニクロのような定番日用洋服	都市部	31.3	40.5	37.3	11.5	10.7	17.5
	東北	34.1	42.1	37.3	17.5	16.7	18.7
11. 数千円程度のファッション性のある洋服	都市部	36.5	42.5	40.5	19.4	19.8	19.0
	東北	43.7	46.0	42.9	28.2	28.2	23.0
12. 1万円以上のブランド洋服	都市部	36.5	42.9	38.5	14.3	13.5	18.3
	東北	52.0	56.3	52.4	30.6	29.0	24.2
13. ブランド財布	都市部	40.9	48.8	44.0	15.9	15.1	18.7
	東北	56.3	63.5	61.9	38.1	37.7	28.2
14. ブランドバッグ	都市部	47.2	50.8	45.2	15.9	15.1	19.8
	東北	58.3	62.3	61.5	34.1	34.5	25.8
15. ブランド装飾品	都市部	43.3	49.2	42.5	14.7	15.1	20.6
	東北	56.7	59.9	57.9	32.9	32.5	26.2

注：都市部より東北のほうが10㌽以上高いものに濃い網掛け，1～10㌽未満のものに薄い網掛け。
出所：筆者作成。

表4-3 各商品分野毎の各仮説の検証結果

	A-1			A-2			B-1			B-2		
	地方	都市部	真偽	地方	都市部	真偽	地方	都市部	真偽	地方	都市部	真偽
1. 日常食料品	16	16	偽	29	55	偽	66	138	真	185	114	真
2. 嗜好品	6	9	真	71	70	真	105	112	真	146	140	真
3. 専門食品	5	7	真	123	106	真	115	110	偽	136	142	偽
4. 本	8	13	真	134	117	真	85	78	真	166	174	偽
5. CD	5	6	真	172	158	真	72	62	偽	179	190	偽
6. DVD	4	3	偽	174	164	真	74	66	偽	177	186	偽
7. 数千円の小型家電	10	8	偽	132	142	偽	75	68	偽	176	184	偽
8. 数万円の小型家電	14	14	偽	148	140	真	75	70	偽	176	182	偽
9. 大型家電	14	15	真	121	122	偽	101	87	偽	150	165	偽
10. 定番日用洋服	12	16	真	74	63	真	157	158	真	94	94	真
11. ファッション性のある洋服	11	12	真	99	80	真	143	150	真	108	102	真
12. 1万円以上のブランド洋服	8	12	真	123	80	真	119	155	真	132	97	真
13. ブランド財布	11	14	真	131	89	真	95	141	真	156	111	真
14. ブランドバッグ	10	17	真	137	102	真	96	138	真	155	114	真
15. ブランド装飾品	12	15	真	131	94	真	105	145	真	146	107	真
合計	146	177	真	1799	1582	真	1483	1678	真	2282	2102	真

	C-1			C-2			D-1			D-2		
	地方	都市部	真偽	地方	都市部	真偽	地方	都市部	真偽	地方	都市部	真偽
1. 日常食料品	4	1	偽	181	137	真	55	98	真	11	16	偽
2. 嗜好品	1	4	真	145	118	真	75	99	真	30	31	偽
3. 専門食品	3	5	真	112	105	真	54	75	真	82	67	真
4. 本	12	8	偽	73	70	真	59	77	真	107	97	真
5. CD	3	4	真	69	58	真	40	57	真	139	133	真
6. DVD	4	4	偽	70	62	真	31	46	真	146	140	真
7. 数千円の小型家電	5	3	偽	70	65	真	66	77	真	110	107	真
8. 数万円の小型家電	3	4	真	72	64	真	71	88	真	105	94	真
9. 大型家電	4	5	真	97	82	真	95	100	真	55	65	偽
10. 定番日用洋服	5	4	偽	152	154	真	55	69	真	39	25	真
11. ファッション性のある洋服	4	3	偽	139	147	真	41	56	真	67	46	真
12. 1万円以上のブランド洋服	3	1	偽	116	154	真	58	62	真	74	35	真
13. ブランド財布	6	3	偽	89	138	真	66	74	真	90	37	真
14. ブランドバッグ	4	4	偽	92	134	真	73	78	真	82	36	真
15. ブランド装飾品	5	3	偽	100	142	真	68	73	真	78	34	真
合計	66	56	偽	1577	1632	偽	907	1129	真	1215	963	真

	E-1			E-2			F-1			F-2		
	地方	都市部	真偽	地方	都市部	真偽	地方	都市部	真偽	地方	都市部	真偽
1. 日常食料品	4	0	偽	234	231	真	48	58	偽	203	194	真
2. 嗜好品	3	6	真	218	215	真	105	63	真	146	189	真
3. 専門食品	4	4	偽	163	179	偽	68	62	真	183	190	真
4. 本	9	2	真	129	144	偽	78	85	偽	173	167	偽
5. CD	5	3	偽	105	112	偽	97	97	真	154	155	真
6. DVD	5	3	偽	100	105	偽	100	98	真	151	154	真
7. 数千円の小型家電	6	3	偽	132	141	偽	86	86	偽	165	166	真
8. 数万円の小型家電	7	3	偽	142	155	偽	80	80	偽	171	172	真
9. 大型家電	2	4	真	182	167	真	62	73	偽	189	179	偽
10. 定番日用洋服	5	3	真	204	222	偽	46	44	真	205	208	真
11. ファッション性のある洋服	2	3	真	178	199	偽	57	48	真	194	204	真
12. 1万円以上のブランド洋服	6	4	偽	172	214	偽	60	47	真	191	206	真
13. ブランド財布	4	5	真	152	209	偽	70	47	真	181	205	真
14. ブランドバッグ	3	4	真	161	210	偽	64	50	真	187	202	真
15. ブランド装飾品	4	2	偽	165	212	偽	65	52	真	186	200	真
合計	69	49	偽	2437	2715	偽	1086	989	真	2679	2791	真

出所：筆者作成。

6. インターネット・マーケティング・リサーチによる分析　*81*

り，成立しているとは言い難い。ただし，ブランド品など高価格の項目はすべての項目で成立した。また，仮説 A-2 については，日常食料品など3商品分野以外では真となり，ほぼ成立した。

仮説 B-1 と仮説 B-2 については，「比較・検討」においては，日常的に購入する商品では，東北は都市部よりオンラインの割合が低いが，数千円以上の服やブランド物では都市部よりも高くなり，店舗の有無や立地条件が関係している可能性がある。

仮説 C-1 については，サンプル数が少なく，その差が小さいために確実性に欠けるが，全体的に仮説と異なっており，特に高価格な項目において成立しなかった。また，仮説 C-2 については，項目によって大きく分かれた。

仮説 D-1 と仮説 D-2 については，すべて，または，ほとんどの項目が真であり，成立した。

仮説 E-1 については，サンプル数が少なく，その差も小さいので確実性に欠けるが，成立しないと考えられる。また，仮説 E-2 については，成立したのは日常食料品，嗜好品，大型家電のみであり，それ以外では成立しなかった。つまり，都市部よりも東北はオンラインで購入し，オンラインで受け取るか，オフラインで購入し，オンラインで受け取るプロセスが多いと考えられる。

仮説 F-1 と仮説 F-2 については，都市部とほぼ変わらなかったが，数千円以上の服やブランド物は，都市部よりも「共有・評価」におけるオフラインの割合が低かった。したがって仮説 F-2 は部分的に成り立つ。

6.3　サンプル数の多いオムニチャネルの消費者行動プロセスのパターン

どのようなオムニチャネルの消費者行動プロセスのパターンが多いかを検証するために，各商品分野について，都市部と東北での消費者行動プロセスパターンの各回答者の回答のうち，多かった上位の1位から3位までを表4-4に提示した。

サンプル数が1位のプロセスパターンは，都市部と東北地方で変わらず，すべての項目で同じであった。つまり，都市部・東北ともに「認知」から「共有・評価」まですべてリアル（オフライン）で行う商品分野が多くある一方，すべてネットで行う商品分野もいくつか存在した。

82　第4章　オムニチャネルの消費者行動：Web 調査による都市部と地方の比較分析

表 4-4　オムニチャネルの消費者行動プロセスの商品分野毎の都市部，東北のサンプル数上位 1 位から 3 位のパターン

都市部	1 位	2 位	3 位				
1. 日常食料品	111111 (74)	101111 (27)	100111 (25)				
2. 嗜好品	111111 (58)	100111 (40)	101111 (32)				
3. 専門食品	111111 (60)	000000 (29)	000111 (29)	※同着 2 位			
4. 本	000000 (43)	111111 (35)	000001 (26)				
5. CD	000000 (60)	000001 (44)	111111 (32)				
6. DVD	000000 (74)	000001 (48)	111111 (34)				
7. 数千円の小型家電	000000 (57)	111111 (42)	000001 (30)				
8. 数万円の小型家電	000000 (41)	111111 (41)	001001 (40)	※同着 1 位			
9. 大型家電	111111 (57)	000111 (33)	000000 (27)				
10. 定番日用洋服	111111 (113)	000111 (19)	100111 (18)				
11. ファッション性のある洋服	111111 (114)	000111 (22)	000000 (18)	000001 (18)	※同着 3 位		
12. 1 万円以上のブランド洋服	111111 (121)	000111 (23)	001111 (10)	100111 (10)	101111 (10)	※同着 3 位	
13. ブランド財布	111111 (103)	000111 (38)	000000 (14)	100111 (14)	※同着 3 位		
14. ブランドバッグ	111111 (98)	000111 (40)	000000 (17)				
15. ブランド装飾品	111111 (102)	000111 (37)	000000 (17)				

東北	1 位	2 位	3 位		
1. 日常食料品	111111 (112)	101111 (25)	100111 (19)		
2. 嗜好品	111111 (96)	100111 (31)	000111 (22)		
3. 専門食品	111111 (81)	000000 (41)	000001 (29)		
4. 本	000000 (44)	111111 (40)	000001 (33)		
5. CD	000000 (75)	000001 (46)	111111 (42)		
6. DVD	000000 (83)	000001 (46)	111111 (42)		
7. 数千円の小型家電	000000 (59)	111111 (52)	000001 (29)		
8. 数万円の小型家電	000000 (56)	111111 (48)	000111 (33)	000011 (32)	※1 サンプル差
9. 大型家電	111111 (68)	000111 (39)	000000 (34)		
10. 定番日用洋服	111111 (121)	000111 (23)	000000 (21)		
11. ファッション性のある洋服	111111 (118)	000000 (37)	000001 (26)		
12. 1 万円以上のブランド洋服	111111 (98)	000000 (38)	000111 (37)		
13. ブランド財布	111111 (75)	000000 (50)	000111 (33)	000001 (32)	※1 サンプル差
14. ブランドバッグ	111111 (80)	000000 (45)	000111 (39)		
15. ブランド装飾品	111111 (84)	000111 (49)	000000 (45)		

注：各 6 ケタのデータ値は，左から，認知，関心，比較・検討，購入，受取，共有・評価の値で，0 はネット，1 はリアルを，括弧内はサンプル数を意味する。

出所：筆者作成。

2位もほぼ同じプロセスパターンだったが,「数千円のファッション性のある服」から「ブランドバッグ」までの高価格帯の商品は,都市部が「認知」「関心」「比較・検討」までをネットで行い,「購入」「受取」「共有・評価」をリアルで行うプロセスパターンが最も多いのに対し,東北では最初から最後までネットで行うプロセスパターンが最も多いという違いが見られた。この原因としては,該当項目のリアル店舗が身近に無い,あるいはあっても品揃えが良くないなどが考えられる。千葉(2013)は,店舗へのアクセス次第では買い物が困難になる消費者が発生し,「買物難民」が発生すると主張しているが,その結果として,東北におけるネットでの購買へ流れた可能性がある。これは専門食品も同様であった。

7. 考察

インタビュー結果から,この戦略に先進的に取り組んでいるといわれているヤマダ電機と洋服の青山では,東北地方では顧客への普及や店舗での取り組みが進んでおらず,ほとんど成果を上げていないことが明らかになった。

消費者行動プロセスの内,オムニチャネルのネットとリアルでの行き来を検討するために,各仮説の検証結果をまとめると,東北地方の消費者行動には都市部に比較して,以下のような特徴が見られた。すなわち,「認知」「関心」段階については,ネットとリアルの交差がより見られる日常食料品,数千円の小型家電,大型家電以外では,ネットでの「認知」からそのままネットで検索などの「関心」段階に移行する割合が高い。「比較・検討」段階については,日常的に購入する食料品や本,家電では,都市部よりリアルで「比較・検討」する割合が高いが数千円以上の服やブランド物になるとネットで「比較・検討」する割合が高い。これは店舗の有無や立地条件が関係している可能性がある。「購入」については,食料品や本,家電などはリアルで「比較・検討」した場合,そのままリアルで購入する割合が高いが,価格にかかわらず,洋服,ブランド物においてはリアルで「比較・検討」した場合でも,ネットで購入する割合が高く,ネットとリアルでより交差している。また,すべての項目において

ネットで「比較・検討」したとしてもリアルで購入する割合は低く，日常食料品，嗜好品，大型家電以外では，ネットで「比較・検討」した場合，そのままネットで購入する割合が高い。これは，Bell et al.（2014）が「非デジタル商品だとしてもオンライン販売は人口などの実世界の要因で大きく変化する」と述べている通り，店舗や交通などのリアルの要因によって購買行動に影響が出たものと考えられる。「受取」段階については，ネットで購入し，ネット（自宅配送）で受け取るか，リアルで購入し，ネット（自宅配送）で受け取るプロセスパターンが多いと考えられる。「共有」段階については，数千円以上の服やブランド物は，都市部よりも「共有・評価」におけるオフラインの割合が低い。また，松浦（2014）は，ネットでの共有が多くなっていると主張しているが，実際には，都市部・地方ともに，どの項目においてもネットでの共有はリアルより低い結果となった。

　以上のことから，次のことがいえる。表4-2について説明したように商品分野によってネット比率は異なり，また商品分野によって例外はあるが，消費者行動でネットを利用する場合には，東北では都市部より，オムニチャネルではなく一貫してネットを通して購買行動をとっている割合が高い。この原因としては，店舗の有無などのリアル環境が大きく関与していることが考えられる。

　表4-4のプロセスパターンの上位1位と2位を見る限り，Degeratu et al.（2000）をはじめ，国内外の研究者が主張しているような消費者行動の変化，つまり，ネットとリアルを頻繁に行き来するオムニチャネルの消費者行動プロセスは，都市部，東北ともあまり見られなかった。しかし，「数万円の小型家電」については，都市部において1位とほとんど同じサンプル数の3位で「比較・検討」をリアルで行い，「購入」はネットで行うというショールーミングの動きが顕著に見られ，都市部の家電流通分野ではかなりオムニチャネルの消費者行動プロセスが浸透しているといえよう。これは，インタビューを行ったヤマダ電機など大手家電量販チェーン各社のオムニチャネル戦略の取り組みに一定の効果が表れている証拠とも考えられる。また，オムニチャネルとはいえないレベルではあるが，日常食料品と嗜好品などでプロセスパターンの上位2位と3位で都市部と東北の両方，そして，定番日用洋服の都市部の3位で，ネットとリアルでの行き来が見られた。よって，日本国内でのオムニチャネル戦略

は今後，流通やメーカーのオムニチャネル戦略の効果的な実行により，さらに消費者の間に広がっていく可能性は大いにあるといえる。しかし，このオムニチャネルの消費者行動の動きは，東北においてはどの商品項目にもほとんど見られなかった。これはすでに効果を得ているといわれている企業のオムニチャネル戦略が主に都市部で行われ，インタビューでも明らかになったように，東北地方での積極的な実施が十分でないことや，リアル店舗の有無など環境が強く影響していると考えられる。

　以上の考察からインプリケーションを提示する。消費者行動の比較から，店舗の有無などオフラインの環境的問題を解決できれば，東北でもオムニチャネル戦略は有効であり，それを見据えた販売や店舗戦略をとるべきである。都市部でショールーミングの動きが見られたように，また，一部に都市部と東北の両方でネットとリアルとの行き来が見られたように，今後は地域によらずオムニチャネル戦略をとる必要があり，早急に社内の組織や意識を変えていくべきである。また，当初の想定やインタビュー結果に反して，東北ではオンラインでの購買行動が多いことが明らかになった。よって，この傾向が強かった商品を扱う企業は，オンラインマーケティングに力を入れるとともに，リアルとネットの融合の強化も必要である。たとえば，店舗を増やし，店舗とネットをより融合させたネットクーポンなど能動的なマーケティング戦略を立てることが重要である。具体的には，先行研究で紹介した事例を参考にされたい。

　特に，地方で購買を喚起するためには，都市部で見られたショールーミング行動を誘発する必要がある。地方において実店舗を増やせないならば，ビューティガレージが行っているようなショールームを戦略的に配置することも一つの方策だと考えられる。同社の行う中古品販売では，現物確認が欠かせないため効果は大きいが，現物の品質を検討・確認したいような高級ブランド品でも同様だろう。

8. 結論

　本章では，オムニチャネル戦略について，企業へのインタビュー調査とイン

ターネット・マーケティング・リサーチによる消費者アンケート調査を通して，都市部と地方（東北）の比較調査分析を行った。分析結果として，東北では店舗や交通などオフラインの環境的な問題によりオムニチャネル戦略は，現時点であまり効果を発揮できていないが，消費者行動プロセスは，すでに同戦略が効果を得ているといわれる都市部とおおよそ同じであった。このことから，店舗の有無などの問題を除けば，東北でもオムニチャネルのサービスは十分に可能であることが明らかになった。また，都市部よりもネットに依存した購買行動をとる割合が高く，とりわけ洋服やブランド品にその傾向が強く見られた。さらに，一部の商品分野でショールーミングが都市部で行われ，東北では行われていないなど，いくつかの地域差が明らかになった。

　よって，オムニチャネル戦略の計画と実行では，地方での顧客の認知が進んでいない，または，現場が積極的でないため，都市部の本社のトップダウンで全国同一に行うだけではなく，地方の特質を考慮したローカライズを行い，地方の店舗の現場を積極的に取り込んでいく必要がある。

第5章

新規事業開発のアプローチと
成長の戦略のフレームワーク

1. はじめに

　前章までの内容は，企業における既存の事業における戦略や新商品のマーケティングに関してであった。しかし，企業はこれらを行っているだけでは成長性に限界があり，事業リスクを分散できない。そこで，企業は既存事業とは異なる新規事業開発を行う必要がある。本章から第7章までの3つの章では，この新規事業を成功させるための理論とマネジメントについて詳しく取り上げる。

　まず本章では，企業が新規事業についてどのような方向からアプローチを行い，これを成長させていけばよいかの指針となるであろうフレームワークを提供する。

　つまり，本章の目的は，新規事業開発のアプローチと成長の戦略に関する理論モデル[1)]を構築することである。新規事業開発とは，既存事業の流れのなかでは出てこない事業，すなわち既存事業の延長上にはない新規事業を，社内資源を活用して創造する努力をさす（榊原・大滝・沼上，1989）。すなわち既存事業の活動主体である事業部組織以外で行われる事業開発活動である。

　新規事業開発は企業戦略，特に企業成長にとって重要な役割を持つ経営活動である。しかし，新規事業にどのように戦略的にアプローチし，さらにどのようにその新規事業を大きく成長させていけばよいか，という実務上の問いに答

---

1)　ここでいう理論モデルとは，単一の知識というよりも，複数の関連知識の集合や分析枠組みという形態をとり，経営実務に有効なマネジメントツールとなる理論をさしている。

88 第5章 新規事業開発のアプローチと成長の戦略のフレームワーク

えうる理論モデルはこれまで数少なかった。特に，新規事業の成長戦略を分類
し，モデル化した理論は皆無である。

　そこで本章ではこれらの先行する数少ない理論モデルとともに新規事業の戦
略マネジメントにおいて活用しやすく，拡張性の高い理論モデルを構築するこ
とを目的とする。

2. 関連先行理論モデルのレビュー

　新規事業開発のアプローチと成長戦略に関する主要な先行理論モデルのレ
ビューを行う[2]。まず，新規事業開発のアプローチの方向に関して分類を行っ
た理論モデルがある。その最も代表的な理論モデルは，Ansoff（1965）の多角
化に関する成長ベクトルの理論モデル（図5-1）である。

　Ansoff（1965）の理論モデルは，技術関連と市場関連という2つの明確な次
元による分類というモデルの簡潔さにその良さがあり，多くの理論家や実務家
の間で利用されてきた。しかし，Ansoff（1965）の理論モデルは，新規事業参
入の際にどのようなルートから参入するのかについて技術関連と市場関連の2

図5-1　Ansoff（1965）の多角化による成長ベクトル

顧客＼製品	新製品	
	技術関連あり	技術関連なし
需要 類似タイプ	注1　集中型多角化	注2
需要 新しいタイプ	注3	集成型多角化

注1：マーケティングと技術が関連しているもの
注2：マーケティングが関連しているもの
注3：技術が関連しているもの
出所：Ansoff（1965）より。

---

2)　ここでは紙面の都合上，新規事業開発に関する先行研究のうち，特に本章の目的に関係の深い，
　新規事業のアプローチおよび成長戦略に関連する理論モデルのみに絞って限定的なレビューを行
　うものとする。新規事業開発全般に関する先行研究の詳細については伊藤（2002）および伊藤
　（2013）を参照されたい。

2. 関連先行理論モデルのレビュー　*89*

図 5-2　Roberts and Berry（1985）の新規事業の最適参入戦略

市場

	基盤	新規だが精通	新規かつ未知
新規かつ未知	ジョイントベンチャー	ベンチャーキャピタル ベンチャー育成 教育を目的とした買収	ベンチャーキャピタル ベンチャー教育 教育を目的にした買収
新規だが精通	社内における市場開発 買収 （ジョイントベンチャー）	社内ベンチャー 買収 ライセンス	ベンチャーキャピタル ベンチャー育成 教育を目的とした買収
基盤	社内での基盤開発 （買収）	社内における製品開発 買収 ライセンス	「新方式」 ジョイントベンチャー

製品に体化された技術またはサービス

出所：Roberts and Berry（1985）より。

つの次元でのみ議論しており，マネジメントツールとしてやや変数が少ないといわざるをえない。また，新規事業に参入した後にどのようにそれを成長させていけばよいかについては，答えていない。

　次に，Roberts and Berry（1985）の新規事業最適戦略を取り上げたい。この理論モデル（図 5-2）は，新規事業開発の参入の方向性を，Ansoff（1965）の成長ベクトルの理論モデルをもとにして市場関連と技術関連の度合いをより細かく分類し，その選択したセルにおいて新規事業の成功のために最適な組織形態や得られる効果の種類を提示している。

　この理論モデルは，新規事業を開始する際にどのような組織を設計するかに答えうる大変有効な理論モデルである。しかし，この理論モデルは，新規事業参入の分類がやはり市場関連度合いと技術関連度合いの2つしかなく，新規事業開発の戦略計画作成や現場でのマネジメントのためのマネジメントツールとして物足りない。たとえば，技術関連および市場関連以外の視点での新規事業のアプローチ方法にはどのようなルートが存在し，またそれらをどう分類したらよいかという疑問に答えていないからである。また，Ansoff（1965）の成長ベクトルの理論モデルへの批判と同様に，この理論モデルは新規事業参入時の最初の方向性を示すものの，その後どのようなプロセスでその新規事業を大きく成長させていったらよいかに関しては何も提示していないからである。

　また，Roberts and Berry（1985）のもう一つの理論モデル（図 5-3）も同様な問題を持っている。この図は，社内ベンチャーがどのような組織構造を選択

90 第5章 新規事業開発のアプローチと成長の戦略のフレームワーク

図5-3 Roberts and Berry（1985）の新規事業のための組織設計選択肢

		戦略的重要性		
		非常に重要	不確実	重要でない
業務上の関連性	無関連	特別事業単位 （SBU）	独立事業単位 （IBU）	完全な スピンオフ
	一部関連	新製品 プログラム	社内ベンチャー 部門	契約 ライセンス
	強い関連	直接統合 （中核事業）	小規模 新ベンチャー 部門	育成と契約 ライセンシング

出所：Roberts and Berry（1985）より。

するかについて，全社的な重要性と本業からの距離によって分類している。し
かし，この図も社内ベンチャーの組織設計に関する戦略代替案を提供するが，
その後の成長プロセスについて詳細を提示するまでには至っていないのである。

　以上の理論モデルが新規事業開発のアプローチおよび成長の戦略に関する主
要な理論モデルである。これらのいずれの理論モデルも，新規事業の参入ルー
トの分類がやや簡潔すぎること，また，新規事業に参入した後にその新規事業
をどのようなルートで大きな事業に成長させていけばよいかという問いに答え
ていない。

　次に，本章の目的に照らし合わせて関連のある，新規事業開発のプロセス，
すなわち新規事業をどのように戦略的に成長させていくかという問題に関連す
る主要な理論を，レビューする。

　まず，新規事業開発も含む経営戦略プロセスに関する代表的な理論モデルと
して，Mintzberg and Waters（1985）の経営戦略計画形成プロセス（図5-4）
を挙げたい。このモデルで彼らは経営戦略計画の形成プロセスとして，それま
で主流であった経営戦略計画部門によって事前に計画された経営戦略による，
計画，実行，フィードバックのプロセス（計画的戦略）とともに，現場から生
まれてくる戦略的提案を経営戦略に取り入れていくプロセス（創発的戦略）を
提示している。これは現場から離れた分析型戦略計画が，戦略実行の現場にあ
る事業ノウハウ，新しい情報および環境変化と乖離してしまう欠点を指摘し，
これらを補う戦略プロセスとして提唱されたものである。

図 5-4 Mintzberg and Waters (1985) の計画的戦略と創発的戦略

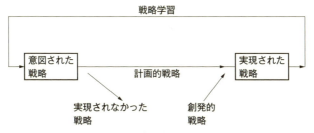

出所：Mintzberg and Waters (1985) より。

　本章との関係ではこの理論モデルは，新規事業という戦略計画の形成プロセスに，計画的なものと創発的なものという2つの大きな方向性や分類があることを提示していることに注目したい。

　しかし，これだけではあまりに簡潔で漠然としている。そこで新規事業という文脈でこの理論モデルに関連するものをレビューする。このことに関連する新規事業開発の理論[3]の中で，日本の研究者によるものとして山田（2000）による研究に触れたい。山田（2000）は，新規事業を全社戦略の目的との関係から，機会主導型，リストラ型，組織活性化型，柱創造型の4つに分類し，そのパフォーマンスとの関係を分析した。このことは，このような新規事業の分類により新規事業のアプローチの方向性を分類し，そのパフォーマンスを提示しているといえるだろう。つまり，新規事業の計画において，それらの分類別の新規事業を行う意図や意義を明確にすることができるのである[4]。

　さらに新規事業の成長に関連する理論モデルとして，新規事業プロセスに関する理論モデルがいくつか存在する。Burgelman (1983) (1984) の新規事業プロセスのモデル（図5-5，図5-6）は，Mintzberg and Waters (1985) の経営戦略形成の創発的プロセスの概念について新規事業を対象に具現化したものとい

---

3) 本章では紙面の都合上，限定的なレビューにとどめる。新規事業開発に関する先行研究の詳細に関しては伊藤（2002）および伊藤（2013）を参照されたい。
4) 具体的には，山田（2000）の新規事業の分類の1つであるリストラ型は，パフォーマンスが低いことが明らかになったが，山田の分類結果を経営戦略策定上用いることで，パフォーマンスよりも雇用維持を優先してこのタイプの新規事業を行う意義を明確にすることができるといえるだろう。

図 5-5　Burgelman（1983）の新規事業開発社内のプロセスモデル

		コアプロセス		重層的プロセス	
		定義	推進	戦略的文脈	構造的文脈
レベル	全社マネジメント	観察	権威付け	正当化　選択	構造構築
	新規事業部門のマネジメント	育成，管理	組織的戦略構築	チャンピオニングひな型作成	交渉
	グループリーダーベンチャーマネジャー	製品技術とニーズの結合	チャンピオニング戦略的遂行	ゲートキーピングアイディア創造密造	疑問

出所：Burgelman（1983）より。

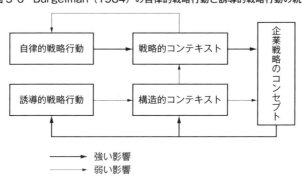

図 5-6　Burgelman（1984）の自律的戦略行動と誘導的戦略行動の統合

出所：Burgelman（1984）より。

え，新規事業開発プロセスにおける複数の内部管理の連携を理論モデル化し（図 5-5），さらにそれを全社戦略と連携させたものである（図 5-6）。これらは，新規事業の成長プロセスを提示している点で本章の問題意識に近い。また，これらは創発的な新規事業のための組織設計とマネジャーの役割を提示する上で有効なツールである。しかし，これらの理論モデルは，社内の組織マネジメントを中心とした新規事業の成長の理論モデルであり，社外での事業活動と新規事業のアプローチ方法とその成長戦略との関係には触れていないのである。よって，本章では主に社外での事業活動との関連で新規事業のアプローチ

方法と成長戦略を分析し，また管理するための理論モデルの構築を追求する。

3. 新規事業の競争としての側面

3.1 新規事業の競争としての側面

　ここでは新しい理論モデルの構築のための準備として，新規事業の競争としての側面について述べる。企業には自ら行う事業の商品やサービスについて同様または類似の製品やサービスを行う競争相手が，通常存在する[5]。これが業界内での直接の競争である。しかし，企業の競争相手は業界内での直接の競争相手以外にも存在する。たとえば，Sammon（1986）は，競争相手の分析対象として直接の競争相手よりも広い競争の範囲を主張している。つまり，業界内の直接の競争業者とともに，隣接領域の間接競争業者，さらには関心領域の新規参入または潜在競争業者まで競争の範囲と考えなくてはならない。

　ここで，新規事業について考えると，新規事業の進出先には何らかの既存市場とその市場でのプレイヤーが存在すると考えてよいだろう。無論，新規事業で行うのと全く同一の製品やサービスの既存市場はないかもしれない。しかし，その場合にも新規事業と何らかの代替関係にある既存市場とその市場でのプレイヤーが存在すると考えられる[6]。そのように考えれば，新規事業にも広い意味ではすべて競争が存在するといえる。

3.2 競争戦略理論モデルの改良

　ここでは以上の新規事業の競争としての側面にもとづいて，競争戦略の理論モデルとして代表的な Porter（1980）による5つの競争要因の理論モデルを改良して新規事業の分析モデルを構築する。

　まず，競争戦略分析の代表的理論モデルとして Porter（1980）の5つの競争要因の理論モデルを説明する（図5-7）。この理論モデルは，自社事業の競争力

5）　市場で独占状態である場合を除く。
6）　たとえば，照明用に電球を発明し，その市場開拓を行う場合には，それまで照明用に用いていたローソクやガス灯などの既存市場が存在するであろう。

図 5-7　Porter（1980）の 5 つの競争要因

出所：Porter（1980）より。

図 5-8　Brandenburger and Nalebuff（1996）の価値相関図

出所：Brandenburger and Nalebuff（1996）より。

の分析をその業界内外の 5 つの業者である，競争業者，供給業者，買い手，代替品および新規参入業者，との力関係を分析する理論モデルである。すなわち，この理論モデルはこれらの業者による脅威や交渉力から自社の製品や事業の競争力を分析し，また自社の事業の収益性を分析することに用いられるのである。

次に，このモデルを基にしてさらに改良するために，この理論モデル開発以降の競争戦略論の研究成果を取り入れた，Brandenburger and Nalebuff（1996）の価値相関図を説明する。価値相関図とは，競争戦略立案上，分析に必須なプレイヤーをその関係も含めてマッピングしたものであり，図 5-8 に示すように，企業，顧客，競争相手，供給者，補完品生産者から構成される。Porter（1980）の 5 つの競争要因の理論モデルと比較したこの図の特徴は，補完品生産者が存在することである。補完品生産者とは競争相手と正反対の役割，すなわち競争ではなく協調の役割を果たすプレイヤーである。補完品生産者の定義は，次の通りである。すなわち，自分以外のプレイヤーの製品を顧客が所有したときに，それを所有していないときよりも自分の製品の顧客にとっての価値

が増加する場合，そのプレイヤーを補完品生産者と呼ぶ[7]。補完品生産者という プレイヤーを考慮することで，これまでの競争戦略論では分析できなかった 経営現象を解明できるようになったのである。

よって，すでに説明した Porter（1980）の5つの競争要因の理論モデルに， この補完品生産者を加えることにする。なぜなら，すでに多くの理論家や実務 家に用いられてきた Porter（1980）の理論モデルをより精緻化することができ るからである。すると，図5-9のようになり，プレイヤーは，供給業者，顧客， 代替品業者，新規参入業者，業界内の競争業者および業界内の補完品生産者と なる。このモデルによって，Porter（1980）の5つの競争要因の理論モデルに 競争だけでなく，Brandenburger and Nalebuff（1996）の提示するビジネスに おける協調の側面を含めることができた。

次節では，この改良した理論モデルを用いて，本章の目的である新規事業の アプローチおよび成長戦略の理論モデルを構築することにする。

4. 新規事業のアプローチおよび成長戦略の理論モデルの構築

4.1　理論モデルの構築

すでに Porter（1980）の5つの競争要因の理論モデルに協調の側面として補 完品生産者を加え，モデルの改良を行った（図5-9）。Porter（1980）の5つの 競争要因は本来，競争を分析するうえで自社の事業に脅威を及ぼす可能性のあ るプレイヤーを業界構造に基づいて分類したものであり，このモデルを用いる ことによって，それらのプレイヤーの力関係を分析することができる。

ここで，全く新たにこの図を，新規事業のアプローチおよび成長戦略の視点 で考察してみよう。すると，次のことを考察できる。すなわち，自社の事業に 脅威を及ぼす可能性のある業界内外のプレイヤーの分類とその関係を表すこの 図において，自社と相手のポジションを逆に考えてみよう。するとこの図は新

---

7)　なお，競争相手の定義は次の通りである。自分以外のプレイヤーの製品を顧客が所有したとき に，それを所有していないときよりも自分の製品の顧客にとっての価値が下落する場合，その自分 以外のプレイヤーを競争相手と呼ぶ。

96　第 5 章　新規事業開発のアプローチと成長の戦略のフレームワーク

図 5-9　Porter（1980）の 5 つの競争要因の改良図

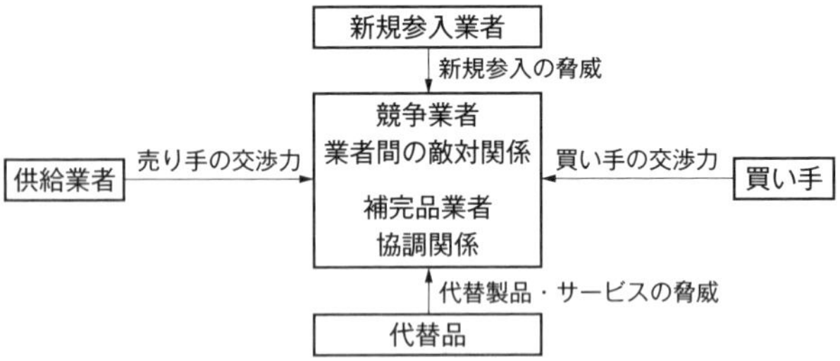

```
                        ┌──────────────┐
                        │  新規参入業者  │
                        └──────────────┘
                                │
                          新規参入の脅威
                                │
                                ▼
          ┌──────────────────────────────────┐
          │           競争業者               │
 売り手の │       業者間の敵対関係            │ 買い手の
┌────────┐交渉力 │                           │交渉力 ┌──────┐
│供給業者 │─────▶│        補完品業者          │◀──────│ 買い手 │
└────────┘       │         協調関係           │       └──────┘
          └──────────────────────────────────┘
                                ▲
                        代替製品・サービスの脅威
                                │
                        ┌──────────────┐
                        │    代替品     │
                        └──────────────┘
```

出所：筆者作成。

規事業のターゲット市場もしくは業界とそこへ到る新規事業の取りうるアプローチのルートを示すと考えることができる。すなわち，これまでは自社の事業および自社の事業の業界としていたポジションを，ある企業が新規事業を行う長期的なターゲット市場（業界）とその中の競争相手と読み替えることができる。このように読み替えると，自社のポジションに脅威や強い交渉力を及ぼすと考えていたポジション，すなわち，供給業者，顧客，代替品業者，新規参入業者は，いずれもある企業が新規事業の長期的なターゲットと想定する市場（業界）へのその企業の新規事業が取りうるアプローチポジションと考えることができるのである。なぜなら，脅威を及ぼすということは，交渉上有利に展開できるということだけでなく，その市場（業界）へ参入する機会や可能性を持っていると考えられるからである[8]。この考えを図に示すと，図 5-10 のようになる。これが，本章の求める新規事業のアプローチおよび成長の戦略に関する理論モデルとなる。

　以上，本章で求める新規事業のアプローチおよび成長戦略の理論モデルを，Porter（1980）の 5 つの競争要因の理論モデルの改良をもとにして，構築することができた。

---

8)　補完品業者についても，ある時期に協調関係にあるということは，その補完関係にある製品事業との距離が近く，その市場の新規事業に進出しやすいことを意味するのである。

4. 新規事業のアプローチおよび成長戦略の理論モデルの構築　97

図5-10　新規事業開発のアプローチと成長の戦略に関する理論モデル

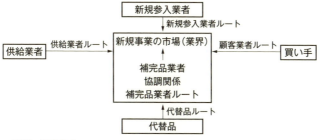

出所：筆者作成。

4.2　構築したモデルの各アプローチの説明

　ここでは，構築した理論モデルの説明を行う。まず，中央のボックスの中が新規事業の長期的な対象市場である。この市場は行おうとする新規事業の存在する市場であり，通常すでにその新規事業と同種類の事業を行っている企業が存在し，競合関係となる。ただし，従来まったく存在しないタイプの新しい事業（市場や製品）の開発を行う場合には，この市場には競合企業が1社も存在しないケースに相当する。

　その対象市場に至る新規事業のアプローチの分類が，それぞれ供給業者ルート，顧客業者ルート，代替品ルート，補完品業者ルート，新規参入業者ルートである。以下に，それぞれのルートの簡潔な説明を行う。

　まず，供給業者ルートである。このルートは，新規事業の対象市場に対して，部品の供給や技術ライセンス，場合によっては共同製品開発などを行う。そうして，供給業者として当面の事業の売り上げや利益を確保しながら，同時に新規事業の高度化や成長に必要な技術をさらに高めていき，また対象市場における新規事業のノウハウを吸収しながら，次の段階で対象市場での新規事業の開発を行っていくルートである。このルートでは，技術志向の新規事業において単一技術の新規事業から始めて，その供給先が行っているような複数の技術で構成される高度で付加価値の高い製品やサービスの新規事業へ成長していくことが想定される。また，企業の経営戦略上の要請から川下へ垂直統合する場合も，このケースに含まれる。

　次の顧客業者ルートは，新規事業の対象市場に対して，まず第一段階として

顧客の立場でのポジションを確立するルートである。そうして，顧客として新たなニーズを認識しながら，同時に新規事業の対象市場の事業ノウハウを吸収し，次の段階として対象市場に進出するルートである。このルートは顧客としてその市場のニーズを強く認識して，川上に進出する場合であるが，企業の戦略上の要請から川上へ垂直統合する場合も含まれる。また，逆にすでに行っている事業や製品を構成する技術や事業ノウハウだけを新たに取り出して新規事業を行う場合もこのルートに相当する。

　代替品ルートは，文字どおり代替品によって対象とする新規事業の市場へ参入するルートである。現在行っている事業や最初に行おうとする新規事業の製品やサービスが対象とする市場に対して代替品の関係になるような市場への進出である。なお，場合によってはすでに説明した供給業者ルートや顧客業者ルートから対象となる新規事業の市場へ進出する場合にも，その成功度合いを高めるために，代替品を投入する場合がある。この場合の成長プロセスは，供給業者ルートまたは顧客業者ルートを経て代替品ルート，となる。

　補完品業者ルートは広い意味では現在行っている事業の市場と同一だが，現在行っている事業や最初に行おうとする新規事業が想定する新規事業と補完品の関係にある場合である。このルートではまず補完品業者として，対象市場やその製品に関するノウハウを蓄積していき，次の段階で対象市場の新規事業に進出するルートである。

　最後に，新規参入業者ルートである。これはこれまでのいずれのルートにも属さないまさに全く新規参入のルートである。つまり，現在行っている事業の市場とまったく関係のない市場への直接の進出を意味する。また，革新的で先進的な技術を自社開発し，それによって最初から新規事業の長期的な市場へ参入する社内ベンチャーを行う場合は，この新規参入業者ルートになる。

4.3　モデルの応用性

　この項では，構築したモデルについて関連する理論との関係について述べ，その応用性を提示する。

　まず，企業の多角化の理論モデルとして最も重要な Ansoff（1965）の成長ベクトルとの関係を述べる。技術関連多角化，市場関連多角化とともに，非関連

多角化のなかにも垂直統合などがある。技術関連や市場関連の多角化は、それぞれ川上、または川下を経由して別の業界の垂直価値連鎖へ移動し多角化することをこのモデルでは意味する。一方、非関連多角化のなかの垂直統合は、それぞれ川上または川下への新規事業進出の過程を含んでいる。すなわち、供給業者ルートまたは顧客業者ルートでの新規事業の成長の過程を意味する。垂直統合の場合は、統合した業務活動をまず企業内への貢献のために活用するのが一般的であり、場合によってはさらに統合した業務活動を単独の事業として行う場合もあるからである。

　また、新規事業にはニーズやシーズを中心とするのではなく、新規事業の事業構想にもとづいて新規事業に参入する場合がある。このような場合には、技術または市場との関連がある場合には、それぞれ供給業者ルートや顧客業者ルートになる。しかし、特に新規事業の参入以前に技術または市場との関連がない場合には、事業構想にもとづいて新規事業に参入するのは、本モデルでは新規参入ルート、代替品ルートおよび補完品業者ルートのいずれかに該当する。新規事業の製品やサービスが対象市場の製品やサービスと直接競合する場合には、新規参入業者ルートであり、直接競合せず、代替品の立場にある場合には、代替品ルートである。また、新規事業の進出する業者が補完品の業者である場合には、補完品業者ルートとなる。

5. 考察

5.1　本理論モデルの長所

　ここではこの理論モデルの長所を述べる。まず、本理論モデルは Ansoff (1965) などの先行理論モデルに比べて、アプローチする選択肢の数がやや多いため、より具体的な新規事業計画の立案や分析が可能になることである。次に、経営学に多少でも通じるものなら誰もが良く知っている Porter (1980) の5つの競争要因のモデルと非常に似ていることである。よって、経営にかかわっているものなら誰でもこの理論モデルを容易に覚えられ、理解しやすい。また、このことは、この図の各アプローチポジションからターゲット市場（業

100　第 5 章　新規事業開発のアプローチと成長の戦略のフレームワーク

界）へ新規事業を成長させるために考慮すべきマネジメントやその際の困難点
について，Porter（1980）の 5 つの競争要因の理論モデルの研究において多く
の研究者が，これまで研究されてきた研究成果をそのまま活用できることを意
味する。よって，この理論モデルをすぐに実際のマネジメントに応用すること
が可能になる。さらに，このモデルは，新規事業の開始時点だけでなく，どの
新規事業の継続中の局面においても，その新規事業の成長する方向に関する分
析や計画立案に利用することができることである。このことは，すでにレ
ビューを行った新規事業のアプローチに関する先行する理論モデルの持つ弱点
である新規事業開始後の成長戦略の欠如を補う重要な長所である。

　また，本理論モデルの長所として，他の主要な関連理論との連携性が高いこ
とが上げられる。すでに説明したように Ansoff の理論モデル，さらにコアコン
ピタンスなど主要な関連理論の概念を，本理論モデルの活用において包括しや
すいため，本理論モデルを中心に新規事業の分析や計画立案への活用が行いや
すくなる。

5.2　本理論モデルの実際のマネジメントへの応用性

　本章で構築した理論モデルは，新規事業の戦略計画作成においてこれまでに
ない有効なツールを提供するものである。特に，これまでほとんど議論されて
こなかったどのような方向から新規事業を生み出し，そしてどのようなルート
でその新規事業を大きく成長させていくか，という問いの両方にある程度有益
な回答を提供するマネジメントツールといえるだろう。また，その際に新規事
業の難易度や成功の確率をある程度予測できるツールともいえるのである。な
ぜなら，すでに述べたように，本理論モデルの実際のマネジメントへの応用に
は，Porter（1980）の 5 つの競争要因の理論モデルに関する研究成果をそのま
ま利用することができるからである。

　また，本章の成果である新しい理論モデルは，ほとんどそのままベンチャー
企業の事業のアプローチとその成長戦略の計画立案のためのツールとして利用
可能である。そのような点で本章の成果は，応用範囲が広いといえよう。よっ
て，本章の成果は，新規事業開発はもちろんのこと，ベンチャー企業経営論へ
も貢献するものである。

6. 結論

　本章においては，新規事業開発にどのような方向からアプローチし，そして
どのようにその新規事業を大きく成長させていけばよいのか，という2つの戦
略的な問いにある程度回答を提供し，汎用性や応用性の高い理論モデル（図5-
10）を構築した。そして，その理論モデルの説明を行い，さらに関連する先行
理論モデルや先行理論との関係において若干の考察を行った。その結果，構築
した理論モデルの有効性や汎用性を，示すことができた。

　本章ではこの理論モデルを，競争戦略論の最も著名な理論モデルであるポー
ターの5つの競争要因のフレームワークをもとに導出した。しかし，筆者の知
りうる限り，ポーターの5つの競争要因のモデルを本章の目的とした新規事業
のアプローチとその成長戦略の分析や計画立案のために用いた文献は，見当た
らない。よって，本章で構築した理論モデルは，その目的に沿った使用法とい
う視点では新規性が高いといえるだろう。

　今後の課題は，本章で構築した理論モデルを，実際の様々な新規事業開発や
ベンチャー企業経営の事例分析や定量分析によって検証し，さらにこの理論モ
デルに関する考察を深めていくことである。

第6章
新規事業開発における組織間お墨付きの論理：
成功と失敗の事例

1. はじめに

　前章では，企業の新規事業開発のための理論的なフレームワークを提示して説明した。続く本章では，大企業におけるハイテク分野の新規事業開発のいくつかの事例の詳細を明らかにして，組織間のお墨付きという独自の視点から理論化を行う。

　この章では，どのように新規事業のプロジェクトが組織間お墨付きを通じて正当化されるかを決定するために，大企業内部の R&D ベースの新規事業開発の6つの事例を調査した。正当化されたプロジェクトの商業的な成功または失敗に影響を与える要因も分析した。企業内の新規事業開発における重要な要因は，知識の創造だけでなく，新規事業に伴い明らかに不足する資源の動員である（Burgelman, 1983；Dougherty and Hardy, 1996；Quinn, 1986）。本章は，資源動員の正当化に焦点を当てる。

　Dougherty and Heller（1994）は，イノベーションでの資源配分のための意思決定は正統性に欠けると指摘している。Takeishi et al.（2010）は，イノベーションのための資源動員を正当化する理由として，技術重視，トップマネジメントのリーダーシップ，支援者の獲得，危機感の4つに分類している。

　本章の研究は，資源動員の正当化のためのさらなる論理として，社外の著名な企業や組織によるお墨付きに焦点を当てる。そして，トップマネジメントがいかにして R&D ベースの新規事業のプロジェクトにおいて，社外の個人や組織の評価能力を参照・利用することで資源を配分するか，そしておのおのの個

人や組織の経済的または社会的なステータスによって影響を受けるかを明らかにする。

このような企業内のイノベーションにおいてプロジェクトが正当化を獲得することの重要性は検証されてきているが[1](Baumann-Pauly et al., 2016；Bunduchi, 2017；Hooge and Dalmasso, 2016；Kannan-Narasimhan, 2014)，そのような正当化されたプロジェクトでも商業化において，成功する場合もあれば，失敗する場合もあるという疑問がある。そこで，本章では，正当化を獲得したプロジェクトにおいて，商業的な成功と失敗を分ける要因も明らかにする。

2. 先行研究

新規事業開発は，既存事業の流れのなかでは出てこない事業，すなわち既存事業の延長上にない事業を，社内資源を活用して創造する努力である（榊原・大滝・沼上，1989）。バーゲルマンの社内ベンチャーのプロセスモデル（Burgelman, 1983）は，組織内での異なるレベルの鍵となるマネジメント活動を結合している（図6-1）。最初に，事業の機会は，テクノロジープッシュとニーズプルにより定義される。そのプロジェクトは，プロダクトチャンピオニング（製品擁護活動）を通じて社内外で推進される。

次に，ミドルマネジャーにプロジェクトが引き継がれ，組織的チャンピオニング（組織的擁護活動）が行われ，戦略構築が行われる。最後に，トップマネジメントは，戦略計画を選択し，そのプロジェクトを過去遡及的に正当化して承認する。

最近の社会制度論の研究は，高い不確実性にあるR&Dプロジェクトを正当化する様々なステークホルダーの役割を明らかにしている（Bitektine, 2011；

---

1)　独立した，企業内でないニュービジネスでの資源動員の正当化に関する研究もいくつか行われている。たとえば，次の研究がある。Starr and MacMillan (1990), Aldrich and Fiol (1994), Stuart, Hoang and Hybels (1999), Zimmerman and Zeitz (2002), Delmar and Shane (2004), McMullen and Shepherd (2006), Fisher et al. (2017).

104 第6章 新規事業開発における組織間お墨付きの論理：成功と失敗の事例

図6-1 Burgelman（1983）の社内ベンチャーのプロセスモデルの鍵となる活動

		コアプロセス		重層的プロセス	
		定義	推進	戦略的文脈	構造的文脈
レベル	全社マネジメント	観察	権威付け	正当化 選	構造構築 択
	新規事業部門のマネジメント	育成, 管理	組織的戦略構築	チャンピオニングひな型作成	交渉
	グループリーダーベンチャーマネジャー	製品技術とニーズの結合	チャンピオニング戦略的遂行	ゲートキーピングアイディア創造密造	疑問

出所：Burgelman（1983）より。

Hooge and Dalmasso, 2016）。

　大企業におけるイノベーションで正当化を獲得する方法が，大企業の文脈（Kannan-Narasimhan, 2014）や複雑な組織での文脈で示され（Baumann-Pauly et al., 2016），さらに，これは外部のサプライヤーとのアライアンスについても言及している。また，Bunduchi（2017）は，企業内の新製品開発を正当化するための求められる様々な行動と，市場や顧客からのフィードバックの役割を明らかにした。

　新規事業プロジェクトの早期の段階では，プロジェクトは，組織の資源が不足するとともに，まだ社内での戦略的地位を得ていない（Fast, 1981）。よって，プロジェクトが資源を動員するため，評価を行う正当化を与えて意思決定するのに，組織内でのプロジェクトの正当化とチャンピオニングが求められる。しかし，ディスカウントキャッシュフロー法[2]やリアルオプション評価[3]などの戦略的意思決定で用いられる定量的な評価方法は，有効性に限界がある。このため，論理的で効果的な質的評価方法が求められるのである。本研究は，このような方法として組織間お墨付きに焦点を当てる。

　なお，本章では，組織間のお墨付きを，著名または高い経済的または社会的な地位を持つ社外の組織による R&D ベースの新規事業プロジェクトのお墨付

---

2) 事業価値を，事業が生み出す期待キャッシュフロー全体を現在価値に割り引いて算出する方法。
3) 意思決定問題において，経営上の柔軟性を選択肢として分析する方法。

きとする。

　著名な人物や組織は，人物や組織によって与えられるお墨付きの価値に正の影響を与えることが示されている（Baum and Oliver, 1991, 1992；Goode, 1978；Latour, 1987；Merton, 1973；Rao, 1994）。この効果は，特に学際的または未確立な分野で発揮される。著名なこととイノベーションの普及の間の関係は，明らかにされている（Burt, 1987）。著名なことと経済的または社会的な地位は，密接な関係がある。本章では，経済的地位を，組織が企業に売り上げへの貢献などを提供する直接の経済的利点とする。また，社会地位を，組織間関係での正の非経済的効果とする。

　組織の経済的または社会的な地位は，パートナーとしての潜在的な価値を評価するのに用いられるということが，組織ネットワークの研究で示されている（Jensen, 2003；Stuart, 1998）。たとえば，資本，資源，機会を獲得する能力に影響を与え（Benjamin and Podolny, 1999），革新的技術が支配的技術になるのを助ける（Podolny and Stuart, 1995）。

　最新の研究では，組織ネットワークやアライアンスが，組織の結びつきとメンバーの将来の地位に影響を及ぼすことを示している（Chandler et al., 2013；Milanov and Shepherd, 2013；Shipilov et al., 2011）。

　ステータス（地位）は，イノベーションと商業化との関係が示されてきた（Podolny, 1993, 1994）。Pahnke et al.（2015）は，高い地位の社内ベンチャーキャピタルがベンチャーに対して，財務的なインパクトだけでなく，技術的と商業的な資源へのアクセスを可能にしていることを見出した。

　しかし，新規事業におけるお墨付きの価値に基づく組織の経済的または社会的な地位の効果は，未だ研究されていない，そして著名なことの効果は，社外のお墨付きを通じた新規事業開発の正当化においても存在し，そこで経済的または社会的な地位は，機能すると考えられる。

　最近の研究におけるもう1つの鍵となる要素として組織間学習がある。Badir and O'Connor（2015）には，新製品開発プロジェクトでの最初のアライアンスパートナーで形成される結びつきを分析して，組織間学習がパートナー間の結びつきの強さを決定していることを見出した。このことは，組織間学習の存在が，新規事業のプロジェクトの商業的な成功と失敗に影響を与えている可能性

106 第6章 新規事業開発における組織間お墨付きの論理：成功と失敗の事例

図6-2 組織間効果の分析枠組み

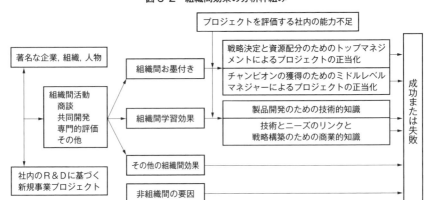

出所：筆者作成。

を示唆している。

以上から，組織間お墨付き，組織間学習，その他の効果と，正当化さらにプロジェクトの成功と失敗との仮説的な関係について，図6-2に示した。

3. 分析枠組み

本章における分析枠組みは，バーゲルマンの社内ベンチャーのプロセスモデル（図6-1）と組織間効果の分析枠組み（図6-2）である。

バーゲルマンモデルは，新規事業の各プロジェクトのプロセスの分析と，チャンピオニングと戦略的承認に関する事実の特定に用いる。

組織間効果の分析枠組みは，プロジェクトの正当化行為を確認し，成功と失敗を分ける理由を特定するために用いる。プロジェクトの正当化と（または）商業的な成功または失敗に関係する分析枠組みの鍵となる要素は，組織間お墨付き，技術的と商業的な知識の組織間学習，その他の組織間効果と非組織間要因である。

4. 研究方法

　本章の研究は，長年にわたる筆者の社内新規事業開発プロジェクトへの参加から生まれた。この経験から，筆者はこれらのプロジェクトのための資源獲得の動員に貢献する組織間お墨付きの論理に明確に気づき，社内の新規事業開発の他の事例の研究に発展した。複数事例研究の調査分析に基づく質的研究方法（Eisenhardt, 1989；Yin, 1994）を本章の研究のために用いた。事例は，理論的サンプリングの論理にしたがって選択した（Eisenhardt, 1989；Glaser and Strauss, 1967）。その事例選択の基準は，著名な社外の企業や組織との活動や共同開発が存在し，プロジェクトの正当化においてお墨付きの論理があると思われることである。

　事前調査は，デジタルカメラとプリンターなど画像関連製品の日本の大手製造企業であるキヤノンの最初の事例（3DCG）である。そして，さらに商業的な成功と失敗の両方を含む 5 つの事例を選択した。調査事例は，キヤノンの 5 つの事例と，日本最大の味噌製造企業のマルコメの 1 事例である。すべての事例は，R&D に基づく新規事業開発である。事例の 3 つは商業的に成功した事例であり，他の 3 つは失敗事例である。

　調査は，プロジェクトの開始から黒字化して成功するか中止されるかまでの期間の組織プロセスの詳細な観察（Pettigrew, 1990）によるものである。

　情報は，1 次資料と 2 次資料の収集と，キヤノンとマルコメの関係者へのインタビュー調査により得た。キヤノンの 3DCG の事例の調査は，筆者の 10 年以上にわたる参加観察によるものである。インタビューは，IC レコーダーで録音し，後日文書化した。合計で筆者を含む 30 人へインタビューを行った（表6-1）。インタビューは，1 時間から 7 時間の長さであった。キヤノンへのインタビューは，2000 年から 2007 年まで行い，マルコメへは 2014 年に行った。各ケースは，内部妥当性を得るため，複数情報源によるトライアンギュレーション法（Yin, 1994）を用いて分析した。

　分析結果の詳細な記述と比較分析を含むケースレポートは，合計 29 万 5000

108 第6章　新規事業開発における組織間お墨付きの論理：成功と失敗の事例

表6-1　調査事例とインフォーマント

事例	インフォーマント	
3DCG（キヤノン）	筆者による参与観察	1名
レーザーロータリーエンコーダ（キヤノン）	プロジェクトチーフ（プロジェクト内） 中堅エンジニア（プロジェクト内） エンジニア（プロジェクト内） 事業企画担当者（プロジェクト内） エンジニアのマネジャー（プロジェクト内） 新規事業管理担当者（プロジェクト外，R&D部門） エンジニア（プロジェクト外，同じ研究所内）	7名
新型半導体（キヤノン）	プロジェクトチーフ（プロジェクト内） エンジニア（プロジェクト内） 新規事業管理担当者（プロジェクト外，R&D部門） 経営企画部門マネジャー（プロジェクト外） R&D部門企画担当マネジャー（プロジェクト外）	5名
液晶カラーフィルター（キヤノン）	プロジェクトチーフ（プロジェクト内） 事業企画担当マネジャー（プロジェクト内） エンジニア（プロジェクト内） エンジニアのマネジャー（プロジェクト外）	4名
新型スピーカー（キヤノン）	キヤノン英国研究所所長（プロジェクト内） キヤノンオーディオ社長（プロジェクト内） キヤノンオーディオマーケティングマネジャー（プロジェクト内） キヤノンオーディオマーケティング担当者（プロジェクト内） キヤノン英国研究所マネジャー（プロジェクト外） キヤノンヨーロッパマネジャー（プロジェクト外） キヤノン本社社員（プロジェクト外）	7名
業務用味噌汁サーバー（マルコメ）	社長 商品開発部長（プロジェクト内） サーバー事業課係長（プロジェクト内） サーバー事業課嘱託社員（プロジェクト内） PR担当社員（プロジェクト外） 飲食店チェーンの部長（顧客）	6名
合計6事例		合計30名

出所：筆者作成。

文字（日本語）の量であり，これは，英語に換算すると11万8000ワードに相当するものである。

5. 各事例の記述と分析

　この節では，図 6-2 の組織間効果の分析枠組みを参照して，各事例の概要と分析を提示する。

5.1　3DCG の新規事業開発

5.1.1　事例の概要

　キヤノンの英国研究所で，3DCG 処理を高速で行うソフトウェア技術が開発された。この技術は，「RenderWare」という商品名で市場に投入された。当初，業界大手のソフトウェア企業アシンメトリックスへ技術ライセンス契約を獲得することができ，アシンメトリックスから十分なロイヤリティだけでなく，ソフトウェアビジネスを学んだ。この実績によりキヤノン社内で正当化されて，この新規事業を行うクライテリオンソフトウェア社（Criterion Software Ltd.）が 1993 年に設立された。そして，PC 産業での製品に関する強い評判により売り上げが伸びていった。筆者は，このビジネスを本社から支援した。

　1995 年にマイクロソフトがクライテリオン社の競合企業を買収し，その技術を OS「Windows」用の 3DCG ソフトウェア開発技術として無償配布すると発表した。その結果，キヤノン社内でこの事業に反対が生まれた。しかし，マーケティングを継続し，1996 年にインターネット用ブラウザ最大手のネットスケープコミュニケーションズへの技術ライセンス契約を獲得できた。このロイヤリティ金額は多くなかったが，ネットスケープのインパクトは，売り上げ向上に貢献した。このことと社内でのチャンピオニングにより，本社の研究開発担当役員がこの事業を支援し，研究開発の継続投資を行うことになり，さらに将来の 3DCG を活用したゲームソフトウェアビジネスを開始した。その結果，大手 PC 企業とゲームソフトウェアの独自開発の大規模な契約を得て，1997 年末にこの新規事業は黒字化を実現した。このビジネスではまた，インテルとマトロックスなどの 3D グラフィックスカード企業と彼らのチップセットに 3D ゲームを最適化する共同 R&D とマーケティングを行った。

5.1.2 分析

前述したように，キヤノンの3DCG技術のお墨付きは，アシンメトリックスから得た契約獲得のお墨付きによって存在し，それによりキヤノンのトップマネジメントがプロジェクトを正当化して，正式なビジネスが設立された。その後のネットスケープコミュニケーションズ等の著名企業への製品採用実績というお墨付きによる，トップによる研究投資の承認の正当化が存在した。

この事例における組織間学習効果は，技術的知識および商業的知識の両方で存在した。最初の大口契約を締結した業界の著名企業アシンメトリックスから，3DCG技術をAPIとしてアプリケーションソフトウェア企業に提供して，そのソフトに組み込んでもらうというニーズと技術ノウハウを学習した。これにより，他の多くのアプリケーションソフトウェア企業へのビジネスと技術のノウハウを得ることができた。その結果，ネットスケープコミュニケーションズ，インテル，ソニーなどの顧客を獲得するに至った。

その後，この新規事業が，マトロックスというグラフィックカードの著名企業やインテルとの共同開発とマーケティングの活動を通じて，ゲームビジネスを追加した。これにより，インテルやマトロックスなどの企業に，彼らの3Dグラフィックチップやカードに，3Dゲームを最適化するという市場ニーズと技術知識を学習した。

それら以外の組織間効果としては，著名企業からの売り上げの効果があげられる。具体的には，最初の契約相手であるアシンメトリックスから数千万円規模の契約金を得て，プロジェクトの推進力となった。

また，インテルから，最適化した3Dゲームが自社のMPUビジネスに貢献するとして，多額の資金的援助を得た。さらに，3Dゲームを著名PC企業のゲートウェイ2000，富士通，パッカードベルからPCにバンドルする契約を獲得した。これらは，それぞれ数千万円から数億円の規模の売り上げとなり，プロジェクトの黒字化に大きく貢献した。

さらに，製品が著名な企業に採用された実績による，業界内での製品の販売促進効果も存在した。初期のアシンメトリックスとの契約により，PC業界内で技術の信頼を獲得し，他企業への導入を促進した。また，ネットスケープコミュニケーションズによる製品採用により，マイクロソフトとの競合化におい

5. 各事例の記述と分析　　*111*

ても，他企業への導入を促進した。さらに，インテルとの共同活動実績により，大手PC企業がゲームバンドルの大口契約を安心して締結した。つまり，著名な企業によるお墨付きは，社内でのプロジェクトの正当化だけでなく，社外での製品の正当化を得ることによる販売促進効果となった。

　組織間効果以外の成功要因として，3DCGのコア技術力の高さが上げられる。英国の優秀な3DCGソフトウェアの研究者による研究に基づき，優れた技術を生み出すことができた。また，キヤノンの100％出資関係会社であることも，相手企業に受け入れられた要因であった。さらに，キヤノングループ内でプロジェクトを強く支援する筆者のようなチャンピオンが早期から存在したことも，グローバルな大企業の海外子会社という難しい文脈の中で，プロジェクトの継続と成功に貢献した要因であった。

　要約すると，以上と図6-2から，組織間お墨付き，組織間学習，その他の組織間効果，非組織間要因のすべてが，この3DCGの新規事業の成功に大きく貢献していた。

5.2　レーザーロータリーエンコーダの新規事業開発

5.2.1　事例の概要

　キヤノンは，1983年頃に精密な小型角度検出装置であるレーザーロータリーエンコーダの技術を開発し，この技術に基づく新規事業を開始した。しかし，事業化を開始して数年間はエンコーダ製品単体での販売が振るわず，特殊な目的のために使用されるだけだった。この事業は，中止の危機に直面していた。

　そのような状況で，ノートPCやその部品のハードディスクドライブ（以下，HDD）の大手の東芝から，エンコーダに精密モーターと制御する電子回路をセットにしてHDDの生産装置（HDDの初期アドレス書き込み装置）として大量納品する商談があった。

　これに応えるため，チャンピオンのO氏がこの商談を引き合いに出して説得し，新たなチャンピオンたちを獲得し，社内での反対を克服してこのプロジェクトを正当化することができた。製品開発は，東芝と共同で行われ，その過程を通じて東芝の開発ノウハウをキヤノンが学習することによって，1993年頃

に製品開発を成功させた

　その結果，この事業の売り上げは大きく上昇し，この新商品が他社にも大量に販売され，東芝と日本 IBM という 2 社との共同開発の後に HDD 業界の世界トップの IBM に大量に納品するに至った。さらに，IBM との商談実績によりさらに社内でチャンピオンを獲得するに至り，その結果，この事業は 1995 年に単年度黒字化した。そして，1998 年に社内で独立した事業部相当組織となり，新規事業として成功した。

5.2.2　分析

　ロータリーエンコーダの事例における正当化として，東芝との商談を通じたミドルチャンピオンの獲得，IBM との商談を通じたシニアチャンピオンの獲得があった。また，東芝と日本 IBM との共同製品開発によるキヤノンの役員による戦略的承認の正当化が存在した。

　組織間学習は，商業化知識と技術的知識の両方の獲得につながった。商業化に関する知識として，エンコーダ単体ではなく，それにモーターと制御回路を組み合わせたコンポーネントとして，HDD の製造工程のアドレス書き込み装置として大きな需要があることを，プロジェクトは東芝から学んだ。また，東芝との商談を通じて，具体的なニーズに合わせて大量に販売が可能なエンコーダ製品の性能を決定することができた。

　一方，技術的な面として，キヤノンは，東芝の HDD の工場にプロジェクトの製品を持ち込んで実際の使用環境でテストすることを通じて，不具合を見つけ出すことができ，製品開発と製造上のノウハウを獲得した。たとえば，エンコーダの光源の半導体レーザーの耐久性や，使用現場でプリズムにゴミが付着してしまうことへの対応である。

　これ以外の組織間効果として，売り上げ効果と販売促進効果が存在した。

　東芝からの組織間学習の成果として，最初の東芝とその後の IBM という 2 つの著名な企業からの大口取引を得られることにより売り上げが増加した。東芝に製品が購入される以前は，プロジェクトは年間約 2 億円の赤字，累積赤字は約 9 億円であった。

　そして，東芝からの売り上げは年間数億円，IBM からの売り上げは年間数億

円から数十億円であり，IBM に採用された翌年の 1995 年にプロジェクトの売り上げが 4 億円強，利益 5000 万円となって，黒字化した。さらに，1999 年に累積赤字がなくなり，事業売り上げが 23 億円，利益 5 億円となり，事業部組織となった。この売り上げのうち，約 7 割が IBM からの売り上げ，約 1 割が東芝からの売り上げであった。

　組織間で正当化を得た著名な大手企業からの売り上げの貢献は，大きかった。つまり，この効果がプロジェクトの成功に貢献していた。また，製品が東芝に採用されたことによって，業界内でのお墨付きになり，他社から積極的に製品が採用されて，販売が促進された。特に，IBM は，東芝が採用した実績を高く評価した結果，製品を採用するに至った。

　組織間効果以外にプロジェクトの成功に貢献した要因としては，エンコーダの技術レベルの高さがあげられる。この光干渉を利用した原理は，基本特許を取得しており，従来のものに比べて小型高精度化を実現した。さらに，製造面でも，自社の半導体製造装置を用いてエンコーダのディスクを高精度に製造し，一眼レフカメラのプリズムの製造技術を活用してプリズムを製造し，他社には簡単に製造できないものであった。また，キヤノンが有名ブランドであることは，この新規事業が他企業に受け入れられるために貢献した。さらに，O 氏のようなチャンピオンが存在したことも，プロジェクトの継続と成功に貢献した。

　この事例では，前述した 3DCG の事例と類似して，著名な企業によるお墨付き，組織間学習，他の組織間効果，非組織間要因のすべてがこの新規事業の成功に貢献していた。

5.3　新型半導体ウェハの新規事業開発
5.3.1　事例の概要
　キヤノンの研究者 Y 氏が 1980 年代に MIT への留学をきっかけに，新型半導体ウェハの SOI（Silicon-on-insulator）の研究を開始し，日本に帰国後も技術を確立していった。SOI は薄い半導体デバイスと支持基盤の間に絶縁層を形成した半導体ウェハであり，従来のウェハより省電力かつ高速性能が得られるが，当時その製造は極めて困難であった。

114　第 6 章　新規事業開発における組織間お墨付きの論理：成功と失敗の事例

　しかし，ELTRAN と命名したこの研究の成果を評価した東北大学の半導体製造技術の世界的権威の教授から，「すぐれた技術で今後主流になるだろう」との強いお墨付きを得た。Y 氏は，このお墨付きを利用して社内を説得し，経営会議で 2 度にわたる製造ラインへの多額の投資を獲得した。さらに，この教授からクリーンルームの技術ノウハウの提供を受けた。研究努力を継続した結果，世界で 3 社しか確立していない量産技術を確立でき，業界や学会で高い評価を得た。

　その結果，1999 年に事業化のため事業推進センターを組織化し，Y 氏は所長になった。しかし，プロジェクトの R&D の面では大きな問題に直面しなかったが，事業化においていくつかの理由で困難が生じた。1 つ目は，キヤノンのマネジメントが，SOI の大口顧客が少なかったことから，プロジェクトに難色を示した。2 つ目は，量産工場の立ち上げに莫大な投資が必要であることである。3 つ目は，半導体ウェハのビジネスの専門家がいないことであった。このこともあって競合企業が半導体ウェハの市場リーダーと共同事業を先に開始するということになりプロジェクトは後塵を拝することとなった。結局，キヤノンは，2006 年にこの事業から撤退した。

5.3.2　分析

　新型半導体ウェハのプロジェクトでは，キヤノンのトップによる 2 回の半導体ウェハの試作製造ラインへの投資の戦略的承認の正当化が存在した。これは，半導体製造の権威である東北大学の著名教授のお墨付きに助けられたものであった。

　組織間学習効果は，技術知識に関してのみ存在した。大学教授による技術の評価とともに，半導体製造のクリーンルームの技術の提供を受けた。これにより，プロジェクトが高純度の半導体ウェハの試作品を製造するラインを実現することができた。一方，商業化に関する知識は，組織間学習としては，どこからも学習していなかった。

　それら以外の組織間効果は，存在しなかった。試作品以外の売り上げがなく，そのために販売促進の効果も存在しなかった。

　なお，組織間効果以外の要因として，技術レベルの高さがあり，これは教授

のお墨付きからも明らかであった。また，キヤノンブランドとして組織の信頼性は，存在した。さらに，Ｙ氏という積極的なチャンピオンが存在し，プロジェクトの正当化獲得に貢献した。

一方，大きな負の非組織間要因があり，このため，戦略構築が難しかった。これはウェハに焼き付ける回路設計の従来のツールが利用できないことであった。このことにより，半導体生産工場のために必要な大規模な投資をさらに増加させて，不確実性とリスクが存在した。これらの理由により，プロジェクトは本格的な工場投資の戦略的判断の際に中止となった。

図6-2によると，この事例には，成功へ貢献するいくつかの組織間要因（組織間お墨付き，組織間の技術学習）が存在したが，一方でいくつかの組織間要因（組織間の商業的な学習，その他の効果）は存在しなかった。さらに，非組織間要因は正と負の両方が存在した。

5.4 液晶カラーフィルターの新規事業開発
5.4.1 事例の概要

1993年に，キヤノンのインクジェットプリンターの技術を用いて液晶ディスプレイの主要な構成部品であるカラーフィルターの製造を行い，低価格で供給してほしいという話が友好関係にある東芝からあり，キヤノンで液晶カラーフィルターの新規事業が開始された。キヤノンの経営層は，すぐに新規事業を承認した。なぜなら，東芝からの具体的なニーズであり，東芝から共同開発として技術的支援を得られ，東芝がこのフィルターを売り上げ好調であったノートパソコンに使用する具体的な需要があったからである。

さらに，試作品が東芝から高く評価されることでお墨付きを得たこと，技術的に既存品に比べて低コストを実現できることも理由であった。このことから具体的に研究開発を開始すると，ほぼ同時期に製造ライン投資も承認された。

しかし，実際に研究開発を開始すると，色むらなど東芝の要求は非常に厳しく，当時のキヤノンの技術では量産化は困難であった。しかも，競合企業の努力により，既存の液晶カラーフィルターの価格が低下し，要求される液晶カラーフィルターのサイズも急速に大型化し，追加の製造設備投資が必要となったため，投資回収問題が浮上した。

116　第 6 章　新規事業開発における組織間お墨付きの論理：成功と失敗の事例

さらに，別の製造上の問題も生じて，生産性が向上しなかった。結果として，東芝へ少量のフィルターを供給するにとどまった。結局キヤノンは，これらの問題と液晶テレビの以後の市場の急速な成長を読めず，2001 年に事業から撤退した。

5.4.2　分析

液晶カラーフィルターの事例においては，初期の東芝役員からの打診を受けたキヤノンのトップマネジメントによるプロジェクト開始の戦略的承認の正当化があり，その後の東芝との共同製品開発活動を通じたトップによる 2 回の生産ライン投資への戦略的承認の正当化が存在した。

組織間学習の効果は，初期の東芝からのニーズの学習と実際の技術の学習の両方が存在した。前者は，東芝のノートパソコンのための液晶ディスプレイ用カラーフィルターというニーズを東芝役員から教えられたことである。後者は，プロジェクト開始後に，東芝からの指導により，液晶ディスプレイ用カラーフィルターに要求される精度と性能を学習したことである。

しかし，その後，技術確立のための十分な技術的学習が行われず，東芝に大量納品ができなかった。また，その後キヤノンは，ディスプレイ用よりも精度を必要としない液晶 TV 用カラーフィルターという将来の大規模な市場需要という商業化知識を，東芝からは学習しなかった。

これら以外の組織間効果は，存在しなかった。製造問題によって東芝に大量に納品できなかったため，売り上げと販売促進の効果は，存在しなかった。

図 6-2 により，この事例は，非組織間要因を考慮すると複雑である。東芝が興味を持った理由であるキヤノンのインクジェットプリントの技術力の高さは存在していたが，東芝の用途の要求には満たなかった。また，キヤノンブランドの信頼性は，東芝に当初受け入れられた要因でもあった。そして，当初から東芝役員からキヤノンの役員に打診されて開始されたプロジェクトであったため，キヤノンの社内でチャンピオニングの必要性がなかった。

しかし，製造上の問題解決が十分でなかったことと液晶 TV 用カラーフィルターという将来市場の予見が不足していた。

5.5 新型スピーカーの新規事業開発

キヤノンの英国の関係会社 Canon Audio は，新型スピーカーを開発して1991年にリリースした。この製品は，スピーカーから出た音を鏡のような曲面で反射させて，従来のスピーカーよりも広いスイートスポットの音場を得られる特徴を持っていた。この曲面の設計のために，キヤノンの高度な光学設計技術が用いられていた。この製品特徴に加えて，キヤノンブランドの信頼性も貢献して，リリースした時には，この製品は英国等の市場で好意的に受け入れられた。

しかし，このプロジェクトは，著名な大手スーパーマーケットへ製品を供給するという実績によりお墨付きを得ていたが，社内で正当化を得ることに失敗していた。そして，組織間お墨付きの論理と関係のない理由で中止になった。それは，グローバルな大企業の海外子会社の事業の困難な地位にあり（Conroy and Collings, 2016），特許訴訟のためのシニアチャンピオンを獲得できていないことであった。そのため，この事例は，ここでは詳細の記述をせず，表 6-2 にだけ簡潔に提示した。

5.6 業務用味噌汁サーバーの新規事業開発
5.6.1 事例の概要

日本最大の味噌メーカーであるマルコメでは，社長の方針で飲食店での味噌汁調理を自動化する業務用味噌汁サーバーを，大手厨房機器メーカーと共同開発した。マルコメは，このマシンを1993年に販売したが，全く売れず，プロジェクトはそのままになっていた。

2001年春に，このビジネスの担当になったマネジャーが，積極的に顧客企業に営業すると，企業内食堂事業を行う大手企業から，サーバーを無償で貸し出してほしいという要望を得た。マルコメの東京支店長は，この提案を承認し，無償でサーバーをこの企業に貸し出した。すると，その実績から別の複数の同業企業からも同様の要望を得て対応した。

そこで，このビジネスで確実に収益を得るためのビジネスモデルの計画を作成した。これは，サーバーを5年間無償で貸し出し，サーバーで使用する味噌は，顧客がマルコメの専用味噌商品を必ず購入することを契約条件とし，その

118 第6章 新規事業開発における組織間お墨付きの論理：成功と失敗の事例

表6-2 ケーススタディの分析結果の概要

	事例					
	3DCG	レーザーロータリーエンコーダ	新型半導体ウェハ	液晶カラーフィルター	新型スピーカー	業務用味噌汁サーバー
組織間お墨付きによるプロジェクトの正当化	1. 初期のアシンメトリックス社との契約によるトップによる会社設立の正当化 2. その後のネットスケープ等での採用実績によるトップによるR&D投資の正当化	1. 東芝との商談によるミドルチャンピオンの獲得 2. 東芝との商談による上位ミドルチャンピオンの獲得 3. IBMとの商談による2名の上位ミドルチャンピオンの獲得 4. その後の東芝とIBMの採用によるトップによる正当化	1. 東北大の著名教授による技術のお墨付きによる2回の試作ライン投資の経営会議でのトップによる正当化 2. 東北大の著名教授のお墨付きによる製造ライン投資の経営会議でのトップによる正当化	1. 東芝役員からの打診によるプロジェクト開始の経営会議でのトップによる正当化 2. このことによる、その後の2回の製造ライン投資の経営会議でのトップによる正当化	なし	1. 大口顧客の要望によるサーバーの無償貸し出しに関するミドルチャンピオンの獲得 2. 複数の大口顧客採用実績によるサーバーの無償貸し出しのビジネスモデルの経営会議でのトップによる正当化
組織間学習効果	1. アシンメトリックスからのAPI用途のニーズと技術の学習 2. 3Dカード企業とインテルからの3D最適化のニーズと技術の学習	1. 東芝からのHDD生産装置としてのニーズの学習 2. 東芝のHDD生産現場での技術的学習	1. 東北大の著名教授からのクリーンルーム技術の学習（商業化知識の学習はなし）	1. 初期の東芝からの液晶カラーフィルターとしてのニーズ学習（将来の液晶TV市場のニーズの学習はなし） 2. 初期の東芝からの液晶カラーフィルターに関する技術的学習	なし	1. サーバーの共同開発による大手厨房機器メーカーからの技術の学習 2. 大口顧客企業からのビジネスモデルのコンセプトの学習
その他の組織間効果	1. アシンメトリックス、インテル、PC企業からの大きな売り上げ 2. アシンメトリックス、ネットスケープ、インテルの実績による販売促進効果	1. 東芝とIBMからの大きな売り上げ 2. 東芝採用の実績による販売促進効果	なし	なし	なし	1. 大口顧客企業へのサーバーの無償貸し出し実績による販売促進効果
組織間効果以外の要因	1. コア技術レベルの高さ 2. キヤノンブランドの信頼性 3. 本社のチャンピオンの存在	1. コア技術レベルの高さ 2. キヤノンブランドによる信頼性 3. 現場のチャンピオンの存在	1. コア技術レベルの高さ 2. キヤノンブランドの信頼性 3. チャンピオンY氏の存在 4. 戦略構築の困難性 5. 工場投資の大きさとリスク	1. コア技術レベルの高さ 2. キヤノンブランドの信頼性 3. 初期からのトップのコミットメント 4. 将来の液晶TVニーズの知識不足 5. 製造上の問題	1. コア技術レベルの高さ 2. キヤノンブランドの信頼性 3. チャンピオン不在 4. 特許訴訟問題	1. コア技術レベルの高さ 2. マルコメと大手厨房機器メーカーのブランドの信頼性 3. 現場のチャンピオンの存在
結果と理由	黒字化して成功	黒字化し、事業部となり、成功	商業化を大きく推進する段階で戦略構築の困難性と投資リスクの理由により、プロジェクト中止	東芝も含めて売り上げがほとんど得られず、製造上の問題が生じ、さらに将来の液晶TV市場も予測できず、プロジェクト中止	シニアチャンピオンを獲得できなかったためプロジェクトが正当化されず、特許問題もあり、事業中止	サーバーの無償貸し出しのビジネスモデルにより、事業が成長し、成功

出所：筆者作成。

価格を通常の味噌商品の2倍以上に設定して，サーバーのコストを回収するという計画であった。

このビジネスモデルは，社長に承認され，2001年5月に外食チェーンと最初の契約が締結され，その後，契約件数は増加していった。

マルコメは，この専用の味噌商品を，顧客のニーズに対応させて開発していき，2014年までに9種類となった。また，専用の味噌汁の具も開発して販売し，顧客企業に好評を得た。そして，サーバーも，2001年から2014年までに5台の新製品を開発した。このビジネスを担当する組織も拡大し，小さな事業組織となり，2008年からは米国と欧州にも営業拠点を設立してこの事業を開始した。

その結果，この新規事業は，2014年時点で，累積のサーバー設置台数が1万台を達成し，売り上げは年間12億円となった。

5.6.2 分析

業務用味噌汁サーバーの事例においては，初期のマルコメの社長によるこのプロジェクトの正当化と，その後の顧客へサーバーを無償で貸し出すことの同意についての東京支店長による正当化が存在した。さらに，営業担当者のこのビジネスモデルの正式計画の取締役会議への提案に対して，重要な複数の顧客企業との実績があるという理由での社長による戦略的正当化が存在した。

この事例における組織間学習効果は，技術的な知識と商業的な知識の両方で存在した。技術的学習では，最初にサーバーを大手厨房機器メーカーと共同開発する過程で，食品メーカーであるマルコメに不足する調理用マシンの開発および製造の技術を，このメーカーから得ていた。商業的知識については，その後企業内食堂事業を行う大手企業の顧客から，このビジネスの成功のための無償貸し出しというコンセプトを学習した。

それ以外の組織間効果として，他の事例に見られるような著名企業からの売り上げの効果はさほど大きくなかった。それ以上に多数存在する小規模な飲食店チェーンに，このサーバーを貸し出すことで，このビジネスの売り上げが増加していった。

組織間効果以外の成功要因としては，マルコメの味噌汁調理のノウハウ，お

120　第 6 章　新規事業開発における組織間お墨付きの論理：成功と失敗の事例

よび最初に厨房機器メーカーのノリタケ，後にホシザキというサーバーを共同開発した製造企業のブランドの信頼性が挙げられる。

　さらに，このビジネスのただ 1 人の担当となった壮年営業マネジャーの存在と，彼がチャンピオンになったことが，このビジネスの成功に貢献していた。彼の積極的な営業活動の結果，新しいビジネスモデルのコンセプトを得て，このコンセプトから収益性の高いビジネスモデルを完成させた。

　図 6-2 により，この事例は，組織間お墨付き，技術的と商業的の両方の組織間学習効果，他の組織間効果，および非組織間要因が，その成功に貢献していた。

　本節のまとめとして，本研究で行った 6 つの事例の分析結果を表 6-2 に提示した。

6.　考察と結論

6.1　組織間お墨付きの論理を通じた資源獲得のためのプロジェクトの正当化

　本章では，キヤノンとマルコメの 2 社の R&D ベースの新規事業開発の 6 つの事例を分析した。このうち 5 つの事例で，これらのプロジェクトは組織間お墨付きの論理により，資源獲得のために正当化されていた。表 6-3 は，社外の人物や企業によるお墨付きを通じて資源動員された 13 の例を示したものである。

　この重要な資源獲得のための意思決定の正当化の要因は，① 新規事業の技術や製品に関する著名企業や人物等の評価の信頼性，② 著名企業から商談が来ることや著名企業が顧客になること，事業活動を行うことによる，著名企業の新規事業のニーズや事業性の評価の信頼性，および，③ その経済的と（または）社会的な地位を参照・利用であった。

　ここでは，ミドルレベルのチャンピオンの獲得（5 例）と，トップによる戦略としての承認と資源配分（8 例）という 2 つの種類の正当化が確認された。

6. 考察と結論　　*121*

表 6-3　お墨付きの論理の事例による実証のまとめ

実証例名	社外著名企業等との関係の種類	お墨付きの論理の種類	資源獲得の内容
1. 3DCG1	アシンメトリックスとの契約獲得実績	技術とニーズの評価, 経済的地位の参照・利用	トップによる会社設立承認
2. 3DCG2	ネットスケープコミュニケーションズ等の顧客獲得実績	技術とニーズの評価	トップによる研究投資の戦略承認
3. レーザーロータリーエンコーダ1	東芝の商談による事業活動	技術とニーズの評価, 経済的地位の参照・利用	ミドルチャンピオンA氏の説得と獲得
4. レーザーロータリーエンコーダ2	東芝の商談による事業活動	社会的地位の参照・利用	上位ミドルチャンピオンW氏の説得と獲得
5. レーザーロータリーエンコーダ3	日本IBMの商談による事業活動	技術とニーズの評価, 経済的地位の参照・利用	上位ミドルチャンピオンOS氏の説得と獲得
6. レーザーロータリーエンコーダ4	IBMの商談による事業活動	技術とニーズの評価, 経済的地位の参照・利用	上位ミドルチャンピオンOS氏の説得と獲得
7. レーザーロータリーエンコーダ5	IBMの商談による事業活動	社会的地位の参照・利用	専務取締役による戦略としての承認
8. 新型半導体ウェハ1	東北大著名教授の品質評価	技術の評価	経営会議でのトップによる試作品製造投資の戦略承認
9. 新型半導体ウェハ2	東北大著名教授の品質評価	技術の評価	経営会議でのトップによる製造投資の戦略承認
10. 液晶カラーフィルター1	東芝のトップからの共同開発打診とコミット	技術とニーズの評価, 経済的・社会的地位の参照・利用	経営会議でのトップによる新規事業開始の戦略承認
11. 液晶カラーフィルター2	東芝のトップからの共同開発打診とコミット	技術とニーズの評価, 経済的・社会的地位の参照・利用	経営会議でのトップによる製造投資の戦略承認
12. 業務用味噌汁サーバー1	大口顧客企業からの商談による事業活動	ニーズの評価, 経済的地位の参照・利用	ミドルチャンピオンの獲得とサーバーの無償貸し出しの承認
13. 業務用味噌汁サーバー2	複数の大口顧客企業からの商談による事業活動	ニーズの評価, 経済的地位の参照・利用	経営会議でのトップによるビジネスモデルの承認

出所：筆者作成。

122　第 6 章　新規事業開発における組織間お墨付きの論理：成功と失敗の事例

　そして，これらのお墨付きの種類は，著名な企業による技術の評価が 9 例，（その）ニーズの認識が 9 例，その経済的地位の参照・利用が 8 例，社会的地位の参照・利用が 4 例であった（重複有り）。

　本章の研究結果は，新規事業開発だけでなく，広くイノベーションや新製品開発の理解にも十分に貢献するものである。従来の研究は，R&D に基づくビジネスのプロジェクトの正当化と，組織間のお墨付きの効果を別々に扱っており，正当化を獲得のために組織間のお墨付きを利用することは，これまで研究でされていなかった。

6.2　正当化を獲得したプロジェクトに共通する特徴

　では，このように組織間お墨付きにより一度正当化を獲得した新規事業開発のプロジェクトに共通する特徴は，何であろうか。本章の正当化を獲得した 5 つの事例に共通するものは，表 6-2 からわかるように，コア技術のレベルの高さと母体組織のブランドの信頼性であった。まず，プロジェクトのコアとなる技術レベルの高さによって，他社に技術を模倣されにくく，他社との共同製品開発に結び付きやすく，商談も得やすい。

　次に，プロジェクトの母体組織のブランドの信頼性は，社内でプロジェクトが正当化を獲得するためだけでなく，特に他社と共同 R&D 活動を行うために重要であった。

　さらに，当初からトップによる戦略的正当化が実現していた液晶カラーフィルターの事例を除く，4 つの事例に共通するものとして，積極的なチャンピオンの存在が挙げられる。図 6-1 の Burgelman（1983）のプロセスモデルのように，プロジェクトが新たなチャンピオンを獲得し，トップによる資源獲得のための戦略的承認の正当化を得るためには，それらの活動を行う当事者としてのチャンピオンの存在が重要だからである。

　最後に，正当化を獲得したプロジェクトに共通する特徴として，プロジェクトが正当化を獲得するプロセスを何度か繰り返していくという正当化プロセスの反復性があげられる。プロジェクトは，最初，ミドルのチャンピオンを獲得するための正当化，次に技術投資の戦略的承認のためのトップによる正当化，そして，事業化や工場投資に関する戦略的承認のためのトップによる正当化，

場合によってはマルコメのように新しいビジネスモデルの戦略的承認というように，プロジェクトが成功を目指して継続かつ発展していくために，正当化プロセスを繰り返している。

6.3　正当化を獲得したプロジェクトの成功と失敗を分ける要因

では，これらの一度正当化を獲得したプロジェクトのあるものは商業化に成功し，あるものは失敗するのはなぜだろうか。このことは，表 6-2 の分析結果を事例比較することで明らかになろう。成功したプロジェクトは，組織間学習を上手に行うことで得られた技術に関する知識と商業化に関する知識を生かして，優れた技術を確立し，市場規模が十分にある新製品のコンセプトやニーズ，ビジネスモデルのコンセプトを獲得して，プロジェクトを成功させている。この学習を活用することで，次の機会のお墨付きとなり，次の機会のさらなる正当化を獲得するという実際の結果を得るのである。そして，成功したプロジェクトは，プロジェクトが黒字化するまで正当化プロセスを繰り返す。

一方，失敗したプロジェクトは，初期にプロジェクトの正当化を獲得するが，組織間学習を活用することに失敗する。その結果，技術の改善に至らず，そして（または），十分市場規模のある製品ニーズを獲得できない。よって，同時に大きな売り上げも得られにくい。これらの結果，次の機会の正当化が得られず，プロジェクトが中止に至る。特に，本章の失敗事例では，組織間で技術的な知識はある程度学習できているものの，商業化に関する知識の学習が上手に行われていなかった。

6.4　実務家へのインプリケーションと今後の研究

本章から得られた組織間関係を利用した新規事業開発の成功のための実務家への示唆は，次の通りである。

(1)　社内の正当化プロセスの反復性のため，一度正当性を獲得したプロジェクトでも，次の正当性を獲得するマネジメントを行う必要がある。

(2)　組織間関係によりお墨付き等による正当性を獲得すると同時に，これらの組織間関係から学習の機会を活用して，技術と事業に関する学習のマネジメントを積極的に行う必要がある。

124 第6章 新規事業開発における組織間お墨付きの論理：成功と失敗の事例

(3) このような正当性と（または）学習が十分でない場合には，新たな企業や組織との追加の組織間関係を獲得する必要がある。

なお，本章の調査分析にも限界があった。キヤノンとマルコメという大企業の2社内のケーススタディであったからである。また，本章では，資源獲得に関する意思決定を行った人物のうち，キヤノンの社長へインタビューを行うことができなかったことである。

今後の研究では，これら以外の企業への調査分析を行い，できるだけ社長などのトップマネジメントへのインタビューを行いたい。

次章では，本章で見出した創発的な新規事業開発にとって重要な人物であるチャンピオンについて，さらに事例の調査分析を行い，理論を発展させることを試みる。

第7章

新規事業開発における
チャンピオンとアンタゴニストの行動

1. はじめに

　本章では，前章に続き企業における新規事業開発の事例の調査分析を行う。特に，創発的戦略に基づく新規事業開発を成功させるために重要な人物であるチャンピオン（擁護者）とともに，これと対照的な概念であるアンタゴニスト（反対者）について探求する。

　本章の目的は，新規事業開発において重要な役割を果たすチャンピオンについて，1事例の詳細な調査分析記述を中心とする3事例の調査分析結果の記述により，これまで論じられていない新しいタイプのチャンピオンの行動を明らかにすることである。新規事業開発とは既存事業の流れのなかでは出てこない事業，すなわち既存事業の延長上にはない新規事業を，社内資源を活用して創造する努力をさす（榊原・大滝・沼上，1989）ものである。

　新規事業開発の先行研究ではこれまで，その成否の鍵を握る重要な人物としてチャンピオンの存在とその行動が研究されてきた。一般に新規事業開発は，その新規性ゆえに社内で理解を得がたく社内政治的に不安定な立場にあり（Fast, 1979），また既存事業に比較して経営資源に乏しい傾向にある（Block and MacMillan, 1993）。そのような新規事業を取り巻く困難な環境において，チャンピオンは新規事業を擁護し支援するからである。そして，これまでチャンピオンは，新規事業を一貫して擁護し，支援する存在とされてきた。

　また，新規事業開発においては，チャンピオンとともに，注目すべき人物として反対者（Antagonist）が存在することが多い。アンタゴニストは，チャン

ピオンと反対の意味の概念で，新規事業のプロジェクトに反対行動を行う人物
である（Markham et al., 1991）。前述したように，新規事業開発のプロジェク
トは，社内で政治的に不安定であり，必要な経営資源の獲得が困難な弱い存在
であることが多いため，アンタゴニストの存在と行動は，プロジェクトの存続
や中止に関して非常に大きな影響を与える。よって，アンタゴニストに関する
研究は，とても重要である。

　しかし，アンタゴニストに関する先行研究は，その重要性の認識がまだ浅い
ことだけでなく，その調査が困難であるという理由もあり，2, 3 の例外を除
き，ほとんど存在しない。調査が困難な理由は，成功したプロジェクトについ
ては，反対行動を行った人物は，自分の考えや行動が誤りであったことを話し
たがらないからであり，一方，アンタゴニストの行動による大きな影響のた
め，成功に至らずに中止されたプロジェクトについては，企業が調査を受け入
れることが稀であるからである。よって，本章では，チャンピオンとともにア
ンタゴニストについて焦点を当てて，調査分析を行う。

　さらに，本章の独自の論点として，2, 3 存在するアンタゴニストに関する先
行研究と大きく異なり，チャンピオンとアンタゴニストの態度や行動の大きな
変化について取り上げる。これまでの先行研究では，チャンピオンとアンタゴ
ニストは，独立背反の存在であり，別々の人物がそれぞれの役割を一貫して
担っているとされてきた。

　しかし，環境変化や人とのコミュニケーションなどを通じて，人が考えや態
度を大きく変えることは，一般に観察されるところである。よって，新規事業
開発という文脈でも，チャンピオンとアンタゴニストについて，同様のことが
推測される。

　重要な点は，一般的な仕事（特にルーチンワーク）においては，人の考えや
行動の変化は，さほど大きな影響を与えないことが多いが，新規事業開発のプ
ロジェクトにとっては，非常に大きな影響を与えると考えられることである。

　なぜなら，プロジェクトにとって，重要な役割を持つチャンピオンは，その
プロジェクトの内外に 1 名しか存在しない場合も多いが，そのような希少な存
在のチャンピオンが態度を大きく変えて，反対行動をとったら，そのプロジェ
クトはすぐに中止に至り，成功しないからである。また逆に，プロジェクトに

反対行動をとっていたアンタゴニストが，チャンピオンの説得などにより，考えを大きく変えて，もう1人の新たなチャンピオンになったら，そのプロジェクトに関する社内政治や経営資源の獲得に大きな貢献を与えることになり，そのプロジェクトは成功に大きく近づくであろう。

　よって，本章では，これまで研究されていない，このようなチャンピオンとアンタゴニストの間での態度や行動の大きな変化について，3つの事例を調査分析することで，この「チャンピオンやアンタゴニストのなかには，チャンピオンからアンタゴニストへ，またはアンタゴニストからチャンピオンへと態度や行動を大きく変化させる人物が存在する」という仮説について，その存在を検証することをリサーチクエスチョンとし，さらに，分析の結果を基に，その原因や論理などの新たな知見を見出し，新たな命題を提示する。

2. チャンピオンに関する先行研究と定義

　ここでは，チャンピオンの主な先行研究のレビューと定義を行う。チャンピオンとは，一言で言うと擁護者のことである（Schon, 1963）。具体的には，新規事業開発は無論のこと，それ以外の様々なイノベーション（Howell and Higgins, 1990），たとえば，新製品開発（Chakrabarti, 1974），技術革新（Leifer et al., 2000），および重要な問題解決や企業文化の革新までを対象にして（Van de Ven et al., 1989），そのプロジェクトを社内の反対から擁護し，新規事業が頓挫することなくその成功に向けて継続していくように行動する人物を意味する。

　チャンピオンは，イノベーションのあらゆる段階に存在する（Fernelius and Waldo, 1980）。そして，チャンピオンは，時にはイノベーションを達成する困難に動機付けられ（Shane, 1994a），複数の専門職種の用語を翻訳して関係者を連携させ（Chakrabarti and Hauschidt, 1989），プロジェクトのために人々を説得し，プロジェクトの売り込みを行う（Shane, 1994b；Smith et al., 1984）。しかし，そのような役職があるわけではなくチャンピオンの活動の多くは非公式であり，企業内で広く認知されているわけではない（Fischer et al., 1986）。

128 第7章 新規事業開発におけるチャンピオンとアンタゴニストの行動

よって，チャンピオンは厳格な企業文化においては出現しにくく，厳格でない企業文化においては出現しやすい（Roure, 2001）。

　チャンピオンには，現場レベルで新規事業のアイディアや製品を擁護し，そのプロジェクトを推進するプロダクトチャンピオン，その活動を組織的に支援するミドルレベルや役員レベルの組織的チャンピオン（Burgelman, 1983）など様々な管理階層に存在し，職種や権限に応じた新規事業の擁護を行う（Maidique, 1980）。つまり，エグゼクティブレベルとそうでないレベルのチャンピオンが存在する（Day, 1994）。また，組織内の階層間だけでなく，様々な部門にチャンピオンは存在する（Markham, et al, 1991）。たとえば，販売会社の営業担当者，工場の生産管理者，研究所の製品開発技術者など様々な部門，様々な職種で該当プロジェクトの擁護のためにチャンピオンは存在し，その成功に貢献する（Maidique, 1980）。

　これらの複数のチャンピオンの活動はお互いに連携しあい，新規事業の継続と成功のための全社的な活動となる。1つに，現場レベルのチャンピオンからミドルレベルのチャンピオン，そして役員レベルでの全社戦略のなかでの新規事業の正当化を含む活動への連携プロセスがある（Burgelman, 1983；Burgelman and Sayles, 1985）。一方，新規事業の早期から製品や組織の擁護を行う役員レベルのチャンピオンの存在もある（Day, 1994）。また，ミドルのチャンピオンから現場とトップのチャンピオンへ連携するプロセスも存在する（Nonaka, 1988）。チャンピオンは，プロジェクトを強く支援し（Markham, 2000），特にチャンピオンは，新規事業の継続のために必要な経営資源の獲得に大きく貢献する（Markham, 1998）。さらに，チャンピオンは，必要に応じて新規事業に必要な他社とのアライアンス形成の支援（Larson, 1991；1992）やグローバルな文脈での新規事業の擁護（Abetti, 1997）も行うことがある。

　ところで，チャンピオンの類似概念として社内企業家がある。社内企業家とは，独立した企業家と比較して用いられてきた概念であり（Sharma and Chrisman, 1999；Greene et al., 1999），新規事業開発においてそのアイディアを市場で収益の上がる段階までマネジメントして新規事業の成功に貢献し，あたかもその新規事業のジェネラルマネジャーのように行動する人物である（Pinchot, 1985）。

では，チャンピオンと社内企業家は，どのように異なるのであろうか。その相違はまず対象とするプロジェクトの種類にある。チャンピオンは新規事業開発を含めたイノベーション全般を対象にして擁護者を意味するのに対し（Howell and Higgins, 1990)，社内企業家は新規事業開発のみを対象としている（Pinchot, 1985；Souder, 1981)。また，役割や人数も異なる。すでに述べたように，社内企業家は新規事業のジェネラルマネジャー的な人物であり，プロジェクトにおいて1名ないし2名程度のみ存在するのに対し，チャンピオンは複数存在し様々な階層や部門で必要に応じて部分的に専門能力だけを提供する場合もある。また，社内企業家は新規事業を自ら推進するのに対して，チャンピオンは自ら推進する場合と新規事業を側面で困難や反対から擁護する場合のいずれかの場合がある。つまり，対象とするプロジェクトの種類の点でも，その人物の役割の点のいずれでも，チャンピオンは社内企業家を包括する概念である。

本章では，チャンピオンを調査分析の対象とする。そして，本章ではチャンピオンの定義を，新規事業開発を含むイノベーション全般において，そのアイディアや新製品，およびそのプロジェクト組織の推進や擁護を強く行う人物とする。ただし，議論をより簡潔にするために対象とするプロジェクトを，イノベーション全般ではなく新規事業開発だけに限定する。

もう1つ本章の議論を進める上で，チャンピオンとともに重要な概念としてアンタゴニストがある。アンタゴニストは Markham et al. (1991) の提起した概念で，反対者のことであり，チャンピオンと反対の姿勢や行動をとる者，すなわち新規事業プロジェクトに対して反対の姿勢や行動をとる人物を意味する（Markham, 2000)。アンタゴニストについて，本章でもこの定義を用いる。アンタゴニストは，その反対行動によって場合によっては新規事業のプロジェクトを中止にまで追い込むが，その一方で反対や批判により新規事業の計画をより洗練されたものにする効果もある（Markham, 1998；2000)。このようにある種の反対者は，チャンピオンの仕事を手助けする場合がある（Markham and Aiman-Smith, 2001) といわれている。

以上のように，新規事業開発においてチャンピオンとアンタゴニストは，その成否の鍵を握る重要な人物として議論されてきたが，アンタゴニストに関す

130 第 7 章 新規事業開発におけるチャンピオンとアンタゴニストの行動

る先行研究は上記の 4 つのみである。そして，これらの研究ではチャンピオン
とアンタゴニストは一貫してそれぞれの立場や役割を遂行しており，本章で問
題提起しているような新しいタイプのチャンピオン，すなわち同一人物でチャ
ンピオンからアンタゴニストへあるいはその逆に態度を変える人物がいること
は想定していない。

　つまり，これらの数少ないアンタゴニストに関する先行研究では，チャンピ
オンとアンタゴニストは，独立背反であるという前提で研究が行われてきた。
これは本当のことであろうか。一般に，人々は，環境変化や人とのコミュニ
ケーションを通じて，その態度を大きく変えることがよく観察される。

　よって，本章で研究対象としているチャンピオンやアンタゴニストでも，同
様に，これまでの先行研究の前提であった，チャンピオンは一貫してプロジェ
クトを支援する人物，またアンタゴニストは一貫して反対する人物というだけ
でなく，何らかの理由により，「チャンピオンやアンタゴニストのなかには，
チャンピオンからアンタゴニストへ，またはアンタゴニストからチャンピオン
へと態度や行動を大きく変化させる人物が存在する」という仮説を提示できる。

　本章ではこの仮説を複数の事例研究により検証することを，リサーチクエス
チョンとし，そこから新たな知見や論理を明らかにする。

　よって，次節以降の 1 事例（事例 2）の詳細な調査分析結果の記述を中心と
する，3 事例の調査分析を通じてこのような人物の存在を明らかにしていきた
い。そして，3 事例を通じてこのような人物が存在することを明示することに
より，筆者の見出した現象が少なくとも 1 事例だけの例外ではなくある程度の
割合で存在することを示す。

3. 研究方法

　研究方法は，複数事例研究を用いる。3 つの新規事業開発の事例におけるプ
ロセスを詳細に調査した。そして，これらの事例におけるチャンピオンとアン
タゴニストの存在と行動に焦点を当てて分析する。

　ケーススタディの方法として，Yin（1994）を参考として，本章では，事例

図7-1　社内ベンチャーのプロセスモデル

		コアプロセス		重層的プロセス	
		定義	推進	戦略的文脈	構造的文脈
レベル	全社マネジメント	観察	権威付け	正当化 選択	構造構築
	新規事業部門のマネジメント	育成，管理	組織的 戦略構築	チャンピオニング ひな型作成	交渉
	グループリーダーベンチャーマネジャー	製品 技術とニーズの 結合	チャンピオニング 戦略的遂行	ゲートキーピング アイディア創造 密造	疑問

出所：Burgelman (1983) より。

の時系列のプロセスの調査分析を用いる。これは，後で述べるように，新規事業開発のプロセスに関する代表的なモデルである Burgelman（1983）の分析フレームワークに用いるため，時系列のプロセスの事例調査分析である。

　分析のためのフレームワークとして，先行研究でレビューを行ったバーゲルマンの新規事業開発のプロセスモデル（Buregelman, 1983）を用いる（図7.1）。つまり，このプロセスと同様に，本章では創発的な新規事業開発を対象として，このプロセスで重要な活動であるとバーゲルマンが提示した，チャンピオニングと，エグゼクティブによる経営戦略としての正当化と承認，の2つの活動について，事例調査で得られた詳細なビジネスヒストリーからすべてを抽出する。そして，そのなかで本章の仮説に適合する事実の存在を検証し，提示し，その発生の原因と論理について分析と考察を行い，新たな命題の提示を行う。

　最初の事例（事例1）は，キヤノンの 3DCG ソフトウェアに基づく新規事業である。筆者は，1991年から2000年までこのプロジェクトにおいて中心的メンバーの1人として参加し，チャンピオンの1人としての役割を行った。この調査と分析は，筆者の参加観察の記録と他の参加者へのインタビューおよび，2次資料に基づくものである。

　第二の事例（事例2）では，より目的に沿った調査と分析の結果を記述し，事例1で発見したことがその事例以外でも事実であることを示した。事例2は，キヤノンのレーザーロータリーエンコーダのビジネスである。この調査と分析

132　第 7 章　新規事業開発におけるチャンピオンとアンタゴニストの行動

表 7-1　調査事例とインフォーマント

事例	インフォーマント	
1. 3DCG（キヤノン）	筆者による参与観察	―
2. レーザーロータリー 　エンコーダ 　（キヤノン）	プロジェクトチーフ（プロジェクト内） 中堅エンジニア（プロジェクト内） エンジニア（プロジェクト内） 事業企画担当者（プロジェクト内） エンジニアのマネジャー（プロジェクト内） 新規事業管理担当者（プロジェクト外，R&D 部門） エンジニア（プロジェクト外，同じ研究所内）	7 名
3. 家庭用ゲーム機 　（ソニー）	ソニーのプロジェクトチーフ ソニーの社員 3 名（プロジェクト内） ソニーコンピュータエンタテインメントのマネジャー2 名	6 名

出所：筆者作成。

は，この新規事業に関係する 7 名の人物へのインタビュー調査と 2 次資料の収集と分析により行った。

　さらに，第三の事例（事例 3）では，他の企業（ソニー）におけるこの新しい種類のチャンピオンの存在を記述する。この事例の調査と分析は，このプロジェクトの関係した 6 名へのインタビューと 2 次資料の収集と分析により行った。

　なお，各ケースにおけるインフォーマントの情報を表 7-1 に示した。

4.　事例 1

4.1　事例 1 の概要

　1988 年に設立されたキヤノンの英国研究所において 3DCG 処理を高速で行うソフトウェア技術が生み出された。そして，「RenderWare」という名で商品化し，その新事業会社クライテリオンソフトウェアが 1993 年に設立され，全世界に向けてマーケティングが開始された。

　そして，同時期に日本のキヤノン本社では，パッケージソフトウェアの新規事業を行う部門の一般社員であった筆者がその事業支援と日本市場へのマーケ

ティングを担当した。この技術は PC 業界で高い評価を受け，業界大手のソフトウェア企業へ技術ライセンス契約を獲得することができた。しかし，キヤノン社内では既存事業の領域とまったく異なる新規事業であることから，理解が得られず社内で理解者や支援者を求める日々であり，チャンピオンになってくれた H 氏（所長）の組織に異動した。

そのような状況において，1995 年にマイクロソフトがクライテリオンの競合企業を買収した。マイクロソフトは，この企業の技術を当時発売を計画していたパソコン OS「Windows」用の 3DCG ソフトウェア開発技術として無償に配布すると発表した。このため，クライテリオンと筆者の新規事業活動は社内で非常に困難になった。

しかし，困難のなかマーケティング活動を遂行し，1996 年にはインターネット用ブラウザソフト最大手のネットスケープ・コミュニケーションズへの技術ライセンス契約を獲得し業績を伸ばした。そして，筆者のチャンピオン獲得活動により，本社の研究開発本部を担当する役員が支援することになり，筆者はその本部に異動して，その新規事業の継続や追加投資を行うことになった。また，この新事業に 3DCG 技術を生かしたゲームソフト事業を追加した。このような努力の結果，1997 年末にこの新規事業は黒字化を実現した。

4.2 事例 1 において仮説を指示する事実

事例 1 において本章で議論している新しいタイプのチャンピオンの存在について説明する。この新規事業は当初社内であまり理解されなかった。そこで，本社のソフトウェア事業の本部でこの新規事業を担当した筆者は，そのような困難を克服するため，途中から所長クラスの新規事業のマネジメント経験のあるミドルマネジャーH 氏にチャンピオンになってもらい，H 氏の管理する研究所に異動し，組織的な支援を受けた。なぜなら，H 氏は以前の経験から，ソフトウェアビジネスの新規事業の難しさを理解していたからであった。つまり，この人物は，この新規事業のチャンピオンの 1 人であった。H 氏は，彼のマネジメントする部署で，筆者がこの新規事業に専念できるようにサポートしてくれた。

しかし，マイクロソフトがこの新規事業の競合企業を買収した際に，H 氏は

134 第7章 新規事業開発におけるチャンピオンとアンタゴニストの行動

この新規事業には可能性がないとして，態度を大きく変えてこの新規事業の活動を中止するように筆者やその上司の課長に命令し，社内にもそのように対応した。たとえば，日本市場の営業を担当する販売会社のマネジャーにも通達するさまであった。筆者はH氏をチャンピオンとして信頼していたために，この態度変化に困惑した。

筆者は，このニュービジネスを継続するために，H氏の部署から逃れて，別の組織での新しいチャンピオンのサポートを求めた。そのため，筆者はこの困難を打開するために筆者の所属していた本部と異なる研究開発本部を担当する役員に懇願し，新たなチャンピオンになってもらい，この新規事業が改めてアサインされた。筆者をその本部に異動させる必要が生じた。そして，この新しいエグゼクティブチャンピオンの支援のもとで，筆者はクライテリオン社への追加投資を実現し，その結果，そのビジネスが成功していった。

つまり，このH氏はチャンピオンからアンタゴニストに態度を大きく変えた人物である。これが本章で問題にしているこれまで議論されてこなかったチャンピオンである。よって，この事実は，本章の仮説を支持している。

4.3 事例1の分析

事例1では，新規事業に理解が得られにくい状況のなかで，その活動の支援を行っていた所長クラスのチャンピオンH氏がいた。しかし，マイクロソフトという非常に強力な競合の出現により，そのチャンピオンの態度は反転し，その新規事業を中止させる行動に出た。

なぜ，この人物は，チャンピオンからアンタゴニストになったのであろうか。それは，当初想定していなかったほど非常に強力な競合の出現である。当時マイクロソフトは，PC業界で圧倒的な力を持っていた。そこで，そのような企業と競合になることにより，この新規事業は非常に困難に陥るだろうとその人物は考えたからであった。つまり，事例1では，この人物の態度変化の理由は，外部環境の悪化であった。

5. 事例2

5.1 事例2の概要

　この事例は，キヤノンで1983年頃に生まれた超精密かつ小型の角度検出装置であるレーザーロータリーエンコーダに基づく新規事業である。その製品の事業化を開始して数年間はエンコーダ製品単体ではその性能は素晴らしいものの特殊な用途にしか採用されず，大きな売り上げが見込めるニーズがないために販売が振るわず，この新規事業は新規事業を集めた研究所の中で中止の危機に直面していた。

　そのため，このプロジェクトの途中から企画担当者として加わったO氏がチャンピオンとして活動していた。そのような状況のなかで当時ノートPCやその中核部品であるハードディスクドライブ装置（以下，HDD）の大手であった東芝から，このエンコーダに精密モーターと制御する電子回路をセットにして，東芝のHDDの生産装置の1つとして大量に納品できないかという商談があった。

　この商談に応えるため，O氏が，新規事業への反対に対抗しながら他のチャンピオンの支援を獲得し，東芝と共同開発活動を行いながら1993年頃に製品開発を成功させた。

　その結果，この新規事業の売り上げは大きく上昇し，さらにHDD業界の世界トップであるIBMにも共同開発活動の後に大量に納品するに至った。その結果，この新規事業は1995年に単年度黒字化し，1998年に社内で独立した事業部相当組織となった。さらに1999年には売り上げ20億円以上になり，累積赤字を一掃し，新規事業として成功した。

5.2 事例2において仮説を指示する事実

　事例2において本章で議論している新しいタイプのチャンピオンとして2人の人物の行動を詳細に分析記述する。

5.2.1 アンタゴニスト W 氏のチャンピオンへの変化

W 氏はこの新規事業が困難な状況に直面し，中止の危機に瀕していた頃に，この新規事業のプロジェクトが所属した社内の研究所の所長であった人物で，この新規事業のアンタゴニストであった。次は，W 氏がアンタゴニストであったことを示すコメントである。

「上司だった W さんがこのプロジェクトを潰そうと思った。5 年も 6 年も赤字続きだし，花がない新規事業プロジェクトだから」（O 氏）。

上司であった W 氏にとってこの新規事業は 5, 6 年も赤字続きであり，さらに仮に成功しても数百億円や数千億円という売り上げ規模の大事業になる可能性の低い，魅力の乏しい新規事業であるため，W 氏はこの新規事業のアンタゴニストとして行動した。

しかし，東芝との共同開発中の以下の W 氏の行動はアンタゴニストであってもチャンピオンのような行動をすることを示している。

「うちも東芝と共同開発中にトラブルになったことがあって，上司の W 氏がもう止めろっていうわけ。で，『いいですよ，別に。もう何月何日までに商品納めないと，この商品の供給止めたら先方の東芝の生産ラインが止まっちゃう。そうしたら，たぶん向こうの役員からうちの役員にクレーム来ますよ』って W 氏に言った。そうしたらあの人上昇志向強いから『それだけは勘弁してくれ』って W 氏が言うから，『これこれ，こういうことでこういう状況になっちゃったんだと説明した。だからどっかから必要なエンジニアを連れてきて，製品を開発しない限り道はない』って言った。そうしたら，W 氏は必要なエンジニアを連れてきてくれた」（O 氏）。

つまり，アンタゴニストの W 氏が東芝との共同開発活動を中止させようとする行動に対して，チャンピオンの O 氏が，東芝との事業活動を中止したら東芝の役員からキヤノンの役員にクレームが来るだろうという理由で，この東芝との事業活動を継続できるようにと説得している。その結果，アンタゴニスト

であったW氏は，逆にチャンピオンのように必要なエンジニアを確保して，この新規事業の成功の鍵になった東芝との共同開発活動を支援した。そして，この支援のおかげで，この共同開発が成功し，その製品が東芝に大量に納品され，大きな売上げになった。さらに，この東芝への納品実績が高く評価されて，次のIBMとのさらに大口の商談につながった。このことはアンタゴニストでも単に反対行動をとるだけでなく，状況によって新規事業の重要な局面でチャンピオンとしての行動をとることがあることを示している。

5.2.2 チャンピオン，アンタゴニスト，さらにチャンピオンへと変化する OS氏の行動

本事例ではさらに興味深いチャンピオンが存在している。以下は，IBMと共同開発を行っている途中にチャンピオンになったOS氏（所長レベル）に関するコメントである。

「そのときプロジェクトのチーフはあまりにもキツイから，OSさんに兼務でチーフをやってくれって頼んだ。で，兼務でOSさんが我々のプロジェクトのチーフを兼任してやってくれた。OSさんは飲むのが好きで毎晩一緒に飲みに行って，いつも帰るのは夜中の1時か2時。私が事業シナリオを書いて，『もうIBMからも引き合いが来ているからこの通りやれば，HDD市場がこう伸びるんだから，絶対にこううちの売り上げが伸びて，そうやっていれば，3，4年以内に10億円以上の売り上げになって，絶対に黒字になるから』ってOSさんを説得してチーフを兼務してもらった。もう本当にIBMの商談決まりそうな時だったから」（O氏）。

つまり，チャンピオンO氏がOS氏にIBMに製品が採用されそうなことを引き合いに出し，IBMとの大口商談が成功したときの売り上げ予測数字を示して，この新規事業の成功が近いことをアピールして，プロジェクトのチーフを兼任してくれるように頼み，その結果としてOS氏がチーフを兼任したことを表している。これによりチャンピオンO氏はこの新規事業に消極的であったチーフをはずすことに成功した。

138　第7章　新規事業開発におけるチャンピオンとアンタゴニストの行動

　そしてOS氏のその後のチャンピオンぶりについてI氏（このプロジェクトの技術者）は，次のようにコメントしている。

　「あの人（OS氏）は細かいこと言わないから。とにかく火に油を注ぐ状況で，やれやれという感じで味方になってくれた」。

　つまり，OS氏は組織チャンピオンとしてIBMとの大口商談に成功するように，部下たちに自由に仕事をやらせたのである。
　しかし，OS氏はチャンピオンになった後に反対者にもなった。以下はそのことを示すO氏のコメントである。

　「OS氏がチーフをやってくれてるときに，OS氏はプロジェクトを本当に潰そうかと思ったんだけど，私はもう泣いて頼んだんですよ。OSさんに『絶対上手くいくから潰さないでくれって。せっかく上手くいき始めたときだから，もう少し見ていてくれ』って。ちょうどIBMがうちの製品を採用するかしないかの時で，4億円位に売り上げが伸びた頃だった。OS氏が前のチーフからこのプロジェクトのチーフを引き継いだばかりの段階で，前任者がつまらないプロジェクトだよ，みたいなこと言ったらOS氏はこのプロジェクトを潰そうとした」。

　つまり，いったんはこの新規事業のチーフを兼任してくれチャンピオンぶりを発揮し始めたOS氏であったが，前任のチーフからこの新規事業は魅力がないと言われ，OS氏はこの新規事業を潰そうという行動をとったのである。実際，このプロジェクトの中止を担当役員に進言する準備をしていたことをOS氏がO氏に話していた。
　つまり，OS氏は，チャンピオンからアンタゴニストに態度を大きく変えているのである。そして，O氏の説得によりアンタゴニストとしての行動を休止している。この理由に関して，I氏も以下のようにコメントしている。

　「OSさんは最初プロジェクトを潰そうとしたんだ。潰そうとしたんだけど

IBM から採用されそうだったから潰さなかった。OS さんがこのプロジェクトのチーフになったときはまだ東芝とも IBM とも付き合っている最中だったから，OS さんとしては，もう少し様子を見ようと考えたからだ」。

　つまり，一時的にせよチャンピオンから転じて反対行動に出ようとした OS 氏は，東芝と IBM，特に IBM との事業活動の存在により，反対行動をとどまった。そして，OS 氏は再度チャンピオンとしてこの新規事業を強く支援した。その結果，IBM との大きな商談は成功した。そして，この IBM からの大きな売上げにより，このニュービジネスは，黒字化し，新規事業として成功に至った。

　以上のように，OS 氏はこの新規事業において一旦チャンピオンになった後にアンタゴニストになり，再度チャンピオンになっている。このようなチャンピオンとアンタゴニストの間で態度を度々変える人物の存在は，これまでの新規事業開発の研究では指摘されてこなかった。

　以上のように，事例 2 では，アンタゴニストであったがチャンピオンとしての行動をとった W 氏と，チャンピオンになった後にアンタゴニストになり再度チャンピオンに変化した OS 氏の存在を指摘した。よって，これらの 2 名の人物に関する上記の事実は，本章の仮説を支持している。

5.3　事例 2 の分析

　事例 2 では 2 人の新しいタイプのチャンピオンが存在した。まず W 氏は，この新規事業の所属する研究所長として，この新規事業が大事業になる可能性が小さいことから，この新規事業を潰そうとしていた。そして，この新規事業で東芝との共同開発が開始され，困難が生じると W 氏のアンタゴニストとしての行動は強まっていった。

　しかし，この新規事業の担当者レベルのチャンピオン O 氏から，このままでは東芝からキヤノンの役員にクレームが来るだろうからその回避のためにもこのプロジェクトを成功させる必要がある，と説得された。その結果，W 氏はチャンピオンのようにこの共同開発に必要なエンジニアを社内から調達して，この新規事業の成功を支援した。この W 氏の態度変化の理由は，クレーム回避

140 第7章 新規事業開発におけるチャンピオンとアンタゴニストの行動

といえよう。

　OS氏の場合には，O氏の説得により一度チャンピオンになったが，この新規事業が魅力的でないと前任のチーフに聞かされて，態度を大きく変えてプロジェクトを潰そうとした。しかし，もう少しで大口商談であるIBMとの共同開発活動が成功しそうなので，そうすればこの新規事業プロジェクトの成功が確定するとO氏から再度説得されて，再度態度を変えてチャンピオンになり，このプロジェクトの成功のために必要な社内組織環境を支援した。

　このようにOS氏の度重なる態度変化の理由は，この新規事業の魅力の度合いの認識の変化である。

6. 事例3

6.1　事例3の概要

　ソニーの研究員であった久夛良木健氏は1980年頃，社内のデジタル信号処理の研究所において，急成長していた家庭用ゲーム機事業へ参入したいと考えた。しかし，社内でこの考えは理解を得ることができなかった。

　そこで久夛良木氏は，この考えを実現する第一歩として，家庭用ゲーム機業界トップの任天堂へ共同開発の提案を行った。この提案は，当時任天堂で開発中であった家庭用ゲーム機「スーパーファミコン」用に，高性能サウンド機能を可能にするデジタルシグナルプロセッサをソニーで開発して供給することであった。そして，この契約獲得に成功し，開発活動の結果1988年にこの部品は完成した。

　次に，久夛良木氏は，エピック・ソニーで音楽事業とともに家庭用ゲームソフト開発も手がけていた丸山茂雄氏（当時部長）にゲーム機事業の夢を語り，「Kプロジェクト」を提案した。これは，2，3年後に発売予定であった任天堂の「スーパーファミコン」の次の段階のゲームビジネスの準備を行うという提案だった。この提案に意気投合した丸山氏は，この提案実現のために積極的に社内活動を行った。

　そして，久夛良木氏の任天堂へのこの2つ目の提案は1988年から1990年に

行われた。具体的には，「スーパーファミコン」に CD-ROM プレイヤーを内蔵する新しいハードウェアの共同開発を行うという提案であった。この結果，1990 年 1 月に任天堂とソニーの共同開発契約が締結されて共同開発が推進され，1991 年に試作機は完成した。

　ところが，突然任天堂が翻意しこの共同事業は中止になった。このため，久夛良木氏たちは，社内外から多くの非難を受けた。それでも久夛良木氏たちは，任天堂と関係のない独自設計の家庭用ゲーム機の試作を進めた。

　しかし，社長の大賀典雄氏（当時）以下経営陣は，家庭用ゲーム機の事業が任天堂と競合してリスクが大きいために，この事業の開始の判断ができないでいた。そして，社内でこの研究開発を中止させる動きが強まっていき，1992 年6 月に遂に全面的に開発を中止させる決定のための会議が開催されることになった。

　久夛良木氏らはこの会議に出席し，ソニー独自の家庭用ゲーム機事業を逆に提案した。この時，大賀氏以外のソニー役員は全員反対した。しかし，大賀氏はこの提案を承認した。

　さっそく準備を進め，ゲーム事業の新会社ソニーコンピュータエンタテインメントが設立された。丸山氏は副社長に，久夛良木氏は取締役開発部長になった。そして，1994 年 12 月に「プレイステーション」が発売された。そして，この新規事業は大成功となった。久夛良木氏は 1999 年 6 月にソニーコンピュータエンタテインメントの社長に，2003 年 4 月にはソニーの副社長になった。

6.2　事例 3 において仮説を支持する事実

　この事例において久夛良木氏が「K プロジェクト」を推進している頃，後のソニー会長である井出伸之氏（当時ホームビデオ事業本部長）は，このプロジェクトの理解者として久夛良木氏らをその組織に入れて活動を支援したチャンピオンの 1 人であった。このことを示す事実として出井氏は，以下のように語っている。

　「僕は久夛良木さんの心理というのは，もう手に取るように分かる。（プレステ開発前の）行き場がなかったとき，『うちに来るか』と言って，ホームビデオ

事業本部長の時に預かって以来，一緒にいたような間柄だからね」（立石，2005）。

さらにその後，出井氏は，久夛良木氏とともに任天堂との共同開発をまとめる活動を行っていた。たとえば，任天堂に契約をまとめるために，出井氏は久夛良木氏とともに京都の任天堂本社に出向いている（大賀，2003）。

また，任天堂との関係が悪化した後も，出井氏は久夛良木氏とともに何度も京都の任天堂本社を訪れては，何とか打開策を探っている（立石，2001）。実際，任天堂との関係修復やこのプロジェクトを支援した様子を，出井（2006）は，次のように書いている。

「久夛良木さんと私は，帰京する新幹線の車中，『さっき（任天堂の会長の）山内さんが話してくださったことを全部書き留めておこう。ソニーは全部，その逆をやって独自のフォーマットで新しいゲームを作ろうじゃないか』と盛り上がったことをよく覚えています」。

以上のように，出井氏は，この新規事業の重要なチャンピオンの1人であった。しかし，任天堂との共同開発活動が破綻した後，この新規事業の社内外からの非難が非常に強くなってくると，出井氏の態度は変化する。この新規事業の活動を中止させる経営会議において，大賀典雄社長以外の役員は，全員反対に回った（麻倉，1999；大賀，2003）。

つまり，役員としてこの会議に出席した出井氏は，他の役員とともにこのプロジェクトに反対し中止させる立場をとったのである。この時点で，出井氏は，この新規事業のチャンピオンからアンタゴニストになったのである。しかし，前述したように，この会議で大賀社長がこのビジネスの開始を承認し，ソニーの家庭用ゲーム機事業が実行され，成功したのである。

このように，近年の顕著な新規事業開発であるソニーの家庭用ゲーム機の新規事業の事例においても，チャンピオンがアンタゴニストに変化するという事実が見出せる。よって，この事実は本章の仮説を支持している。

6.3 事例 3 の分析

事例 3 では，出井氏がこの新規事業を支援する役員レベルのチャンピオンであった。出井氏は，行き場のない久夛良木氏らを引き取り，新事業活動を支援していた。また，その後任天堂との共同開発の締結やそれが破綻したときの任天堂との関係の修復も支援した。しかし，その破綻が決定的になり，久夛良木氏の独自のゲーム機開発の活動を中止させようとする経営会議においては，出井氏さえも反対に回った。

この理由としては，共同開発の破綻という当初出井氏の想定しないほどの新規事業に関する困難の出現である。

7. 考察

本章では 3 つの事例の調査分析結果の記述により，これまで明らかにされて来なかった新しいタイプのチャンピオンの存在と行動について明らかにしてきた。それは，チャンピオンからアンタゴニストに変化し，またアンタゴニストからチャンピオンに変化する人物の存在である。

この結果，このような行動をとっていた 4 人の人物の存在により，「チャンピオンやアンタゴニストのなかには，チャンピオンからアンタゴニストへ，またはアンタゴニストからチャンピオンへと態度を大きく変化させる人物が存在する」という本章の仮説が支持された。

ではなぜ，このようなチャンピオンやアンタゴニストの大きな態度変化が生まれるのであろうか。すでに，各ケースの分析において，それぞれの状況における原因として，外部環境の悪化，クレームの回避，新規事業の魅力の度合の認識の変化，想定外の困難の出現を挙げた。これらの分析結果を考察すると，これらすべてに共通する論理として，新規事業のプロジェクトに関係して，そのチャンピオンやアンタゴニストが受ける利害関係の発生や変化によって，かれらの大きな態度変化が生まれているといえる。

事例 1 では，マイクロソフトという強力な競合の出現により，そのプロジェクトの成功の見込みがなくなった，すなわち，それをマネジメントするチャン

ピオンの H 氏のメリットがなくなったからである。

事例 2 では，プロジェクトが上手くいかないと，共同開発を行っている東芝からクレームが来て，そのプロジェクトをマネジメントする，アンタゴニストの W 氏も社内で立場が悪くなるだろうという，彼の利害が生まれている。よって，彼は，自分の利害のために，チャンピオンに態度変化したと考えられる。

また，OS 氏は，IBM との大口商談が成功しそうだという話を聞いて，彼がマネジメントするこのプロジェクトの成功により，彼が得られる社内での評価という利害に魅力を感じて，チャンピオンに態度変化したと考えられる。

事例 3 では，任天堂との長期的関係の破綻により，プロジェクトを中止する会議が開催され，出井氏としては，このプロジェクトの成功の見込みが全くなくなったと考えて，自分がチャンピオンを継続するメリットが全くなくなり，他の役員に同調してプロジェクト中止という反対に回ったと推測される。

以上のように，いずれのケースでも，彼らは，プロジェクトが自分へ与える利害の変化に対応して，その態度を大きく変化させたのである。よって，本章で存在が示されたこれらのチャンピオンやアンタゴニストの大きな態度変化の根本的な原因は，プロジェクトが自分に与える利害の変化である。

次に，このようなチャンピオンの影響とその対応策について簡潔に述べたい。事例 1 での影響は，この新規事業の筆者の業務である日本におけるマーケティングと英国新規事業子会社への支援業務が中断しかかったことである。そして，チャンピオンである筆者自らの研究開発担当役員への働きかけによって，筆者が研究開発本部に異動したという対応で，この新規事業を継続でき成功に至った。もし，中断したままだったらそれで新規事業の成功は困難であったであろう。

事例 2 での影響は，W 氏および OS 氏によるプロジェクトの中止が実現されれば，それでこの新規事業は終了し，成功に至らなかったことである。いずれの場合にも，チャンピオンである O 氏の巧みな説得により回避したという対応であった。

事例 3 での影響は，井出氏がチャンピオンとしての役割を果たさず，もし大賀氏の新規事業継続の承認がなければこのプロジェクトは中止になっていたことである。そして，この場合にはチャンピオンである久夛良木氏の逆提案とい

う対応により，新規事業は継続できた。

　以上から，いずれの場合にも新規事業の中断を招き，その成功に至らなかったであろうと考えられ，これらのチャンピオンからアンタゴニストへ態度変化させる人物の影響は非常に大きい。また，その対応として，別のチャンピオンの働きにより，中断の危機を回避している。この点は，興味深い。

　ところで，前述したように利害の変化によって態度を変えてしまう，このような人物は，チャンピオンやアンタゴニストといえるのであろうか。チャンピオンとは，プロジェクトを強く擁護する人物（Markham, 2000）ではないだろうか。この点について，本章での発見事実を考慮して，筆者は次のように考える。

　チャンピオンには，強い支持（strong advocate）があり，長期的なコミットメントがあることが望ましいが，短期的な強い支持（strong advocate）を行う人物も含める。なぜなら，社内的に不安定な立場にあり，資源も不足しがちな新規事業のプロジェクト（Fast, 1979）にとっては，短期的な支持者であっても，プロジェクトに重要な貢献をするからである。これは筆者のこの分野での実務経験からの強い認識である。このような広い視野に立つことにより，本章の議論が生まれている。

　一方，組織の和を尊重する日本企業においては，マネジャーや関係者がプロジェクトを潰そうとしたり，強い反対の態度や行動をとることは，まれである。よって，このような文脈を考慮すると，単に反対しただけであるのでアンタゴニストではないのではないかという考えは，的を得ていないと筆者は考える。

　仮に短期的であっても，その反対行動により，大きな影響をプロジェクトに与える，または与える可能性があるならば，十分にアンタゴニストであるといえるし，大きな態度変化だといえる。これは，チャンピオンについても同様である。本章で得られた結果を考慮すると，このようなタイプも従来のものと区別して，チャンピオンとアンタゴニストに含めることが，重要であると考えられる。

　以上の本章の分析と考察の結果を基に，チャンピオンとアンタゴニストの態度や行動の大きな変化に関する原因，論理，結果の関係を示す論理図を，図

146　第7章　新規事業開発におけるチャンピオンとアンタゴニストの行動

図7-2 新規事業開発におけるチャンピオンとアンタゴニストの態度と行動の変化の論理

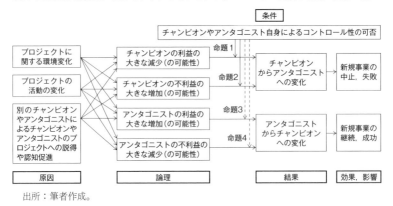

出所：筆者作成。

7-2に示し，以下にここから得られる命題を4つ提示する。

　図7-2の3つの原因の具体的なものとして，環境変化については，競合の出現，顧客の出現，天災などの想定外の出来事など，プロジェクト活動の変化については，共同開発活動の開始，企業間提携活動の破綻，新技術や新製品の開発，製造活動の開始など，チャンピオンやアンタゴニストへの説得や認知促進については，プロジェクトの技術に関する理解促進，プロジェクトの将来の売上げ予測とその魅力の説得，プロジェクトの成功可能性の再認識などが相当する。

命題1：新規事業のプロジェクトに関する環境変化，プロジェクトの活動の変化，または別のチャンピオンやアンタゴニストによるチャンピオンやアンタゴニストへの説得や認知促進という原因により，チャンピオンの利益の大きな減少ないしその可能性があると，チャンピオンのマネジメントによる回避が困難な場合などに，チャンピオンからアンタゴニストへの変化が生じることがある。

　ここで命題1に関するプロジェクトに関する環境変化とは，事例1の強力な競合の出現であった。また，プロジェクトの活動の変化とは，事例3の企業間提携の破綻であった。そして，別のアンタゴニストによるチャンピオンのプロジェクトへの説得や認知促進とは，事例2の前任のチーフによるW氏へのプロ

ジェクトの魅力のなさの指摘であった。

　以上のような原因により，チャンピオンの利益の大きな減少ないしその可能性が生じると，チャンピオン自身のマネジメント・コントロールによる回避が困難な場合などに，チャンピオンからアンタゴニストへの変化が生じることがある。

命題2：命題1と同様の3つの原因により，チャンピオンの不利益の大きな増加ないしその可能性があると，チャンピオンのマネジメントによる回避が困難な場合などに，チャンピオンからアンタゴニストへの変化が生じることがある。

　これは，図7-2の3つの原因のうち，チャンピオンの不利益の大きな増加ないしその可能性がある場合，チャンピオンからアンタゴニストへ変化するという命題である。同様にして，以下の命題3と命題4を提示できる。

命題3：命題1と同様の原因により，アンタゴニストの利益の大きな増加ないしその可能性があると，アンタゴニストからチャンピオンへの変化が生じることがある。

命題4：命題1と同様の原因により，アンタゴニストの不利益の大きな減少ないしその可能性があると，アンタゴニストからチャンピオンへの変化が生じることがある。

　本章での分析結果と考察とともに，これらの図7-2の論理モデルと4つの命題は，チャンピオンとアンタゴニストに関する研究を深める有効な知見であるといえよう。

8. 結論

　本章では，企業の新規事業開発において，その継続，成功，または，中止，

148　第7章　新規事業開発におけるチャンピオンとアンタゴニストの行動

失敗に大きな影響を与える重要な役割を持つチャンピオンとアンタゴニストについて，先行研究で議論されていなかった，態度や行動を大きく変化させるチャンピオンやアンタゴニストが存在するという仮説を提示し，新規事業の3つの事例の調査分析を通じて，このような行動をとる4人の人物の存在を提示して，その仮説が支持されていることを明らかにした。

　これらの人物の態度変化の理由は，① プロジェクトに関する環境変化，② プロジェクトの活動の変化，③ 別のチャンピオンやアンタゴニストによるチャンピオンやアンタゴニストのプロジェクトへの説得や認識促進であった。

　そして，これらにより，チャンピオンやアンタゴニストの利益や不利益が変化するか，その可能性が生じることにより，チャンピオンはアンタゴニストへ，アンタゴニストはチャンピオンへと態度や行動を大きく変化させていた。さらに，本章では，この論理モデルを提示し（図7-2），4つの命題を提示した。

　また，いずれの場合にもこれらの人物の影響は，新規事業を中断させるほど非常に大きかった。しかし，これらの場合には別のチャンピオンの働きにより，中断の危機を回避していた。

　以上，本章において得られたこれらの発見と考察は，今後の新規事業開発論や関連するイノベーション論の研究に，重要な論点を投じると考えられる。

　なお，本章は，前章で見出した創発的戦略に基づく新規事業開発に重要な人物であるチャンピオンについて，より詳しく探求するものであった。扱った事例のうち，キヤノンの3DCGの事例とレーザーロータリエンコーダの事例は，共通する事例であるが，本章ではこれらの事例を前章よりもさらに詳しく提示した。

　次章では，本章で探求したアンタゴニストの概念を，大企業ではなくベンチャー企業のマネジメントを対象にして調査分析を行い，理論化を行う。なぜなら，ベンチャー企業内部のマネジメントの研究のうち，このような社員の反対行動に関する研究はこれまで行われておらず，実際の調査分析を行うことで興味深い事実を明らかにすることができると考えられるからである。

第8章
ベンチャー企業における反対者のマネジメント

1. はじめに

　イノベーションの創出は，企業内での新製品開発と新規事業開発とともに，独立したベンチャー企業によっても実現される。そこで本章では，ベンチャー企業のマネジメントについて取り上げる。

　本章の目的は，これまでベンチャー経営論ではほとんど議論されてこなかったベンチャー企業のマネジメントにおいて経営者に反対意見を唱え，反対行動をとる反対者（アンタゴニスト）に着目し，その存在や行動，さらにベンチャー経営者の彼らへの対応について明らかにすることである。調査対象としたのは，ネットベンチャー6社を含む12社のベンチャー企業である。

　ベンチャー企業のマネジメントでは，多くの関係者が存在し，ベンチャー企業やその経営者を支援する人物が，擁護し，協働して，その成功に貢献することは周知の事実である。たとえば，家族や友人の支援，エンジェル[1]やベンチャーキャピタリスト[2]の出資，取引先との協働，経営チームとの協働である。

　しかし，これらの支援者や擁護者が存在する一方で，経営者に反対意見を訴え，反対行動をとる人物も存在するのではないだろうか。

　一貫して異を唱える人物もいれば，それまで支援者や協働者だったものが，あるときを境に反対者に態度を変えることも考えられる。前章では大企業のイノベーションにおいて支援者や擁護者だった人物が突然，反対者に変わること

---

1)　エンジェルとは，ベンチャー企業に投資し，支援する個人投資家である。
2)　ベンチャーキャピタリストとは，ベンチャー企業に投資するベンチャーキャピタル（VC）に属する投資者である。

があると指摘したが，同様のことはベンチャー経営でも存在すると予想される。

　そして，このようなベンチャーの経営において反対意見を唱え，反対行動をとる人物は，どのような立場の人物でどのような反対行動をとるのであろうか。また，その立場にもよるが，いずれの場合でも，ベンチャーの経営やその成功に大きな影響を与えるのではないだろうか。もし，影響を与えるのならば，どのような影響であり，それに対してベンチャーの経営者はどのように対応するのであろうか。

　以上のように，ベンチャー企業の経営において反対者という人物の存在を想定し，着目することによってこのような様々な疑問が生まれる。

　よって，本章では，ベンチャー企業における反対者に関して着目し，これらの疑問に答えるような探索的な研究を，ネットベンチャーを半数含む，12 社のベンチャー企業の創業社長らへのインタビューを通じた調査分析を行い，明らかにしていく。

2. 概念の定義，先行研究およびリサーチクエスチョン

　経営学において反対者に関する研究は，イノベーション・マネジメントの分野で若干行われているに過ぎない。ここではその研究を紹介しよう。

　イノベーション・マネジメントの研究では，反対者を Antagonist（アンタゴニスト，以下，反対者と記す）と呼んでいる。反対者は Markham et al.（1991）の提起した概念で，チャンピオンと反対の姿勢や行動をとるもの，すなわち新規事業プロジェクトに対して反対の姿勢や行動をとる人物を意味する（Markham et al., 1991）。

　なお，チャンピオンとはイノベーション・マネジメント分野において擁護者や支援者（Maidique, 1980；Burgelman, 1983；Day, 1994；Markham, 2000），さらには支持者（武石・青島・軽部，2012）の意味であり，場合によっては社内企業家（Pinchot, 1985；Kanter, 1983）を意味することもあり，イノベーションのプロジェクトの推進者や擁護する人物のことである[3]。

　反対者は，その反対行動によって場合によっては新規事業のプロジェクトを

2. 概念の定義，先行研究およびリサーチクエスチョン　*151*

中止にまで追い込むが，その一方で反対や批判により新規事業の計画をより洗練されたものにする効果もあり（Markham, 2000），ある種の反対者はチャンピオンの仕事を手助けする場合がある（Markham and Aiman-Smith, 2001），といわれている。

さらに，前章では，新規事業開発の3つのプロジェクトの調査分析により，反対者は一貫して反対姿勢なのではなく，擁護者や支援者であった人物が態度を変えて，反対者になり，逆に反対者が擁護者や支援者に変わることがあることを指摘している。新規事業開発において擁護者や支援者はその成否の鍵を握る重要な人物として議論されてきたが，その一方で反対者に関する先行研究はこれらを含み4つのみである。

よって，これらのイノベーション・マネジメント分野の研究を参考にして，本章ではベンチャー企業のマネジメントにおいて反対行動をとり，反対意見を唱える人物を反対者と呼ぶことにする。本章では，探索的な段階の研究であることを考慮し，反対者を狭く定義せずに広く定義する。つまり，ベンチャー企業およびその経営者にとって，社内外で反対意見を唱え続け，反対行動をとり続ける人物および組織を，ベンチャー企業における反対者と定義することにする。なお，現段階では厳密な区別は難しいが，1，2回程度反対意見を唱え，少しの反対行動をとる場合は，反対者に含めないことにする。

反対者は，上述したように，大企業におけるイノベーション・マネジメントの場合はそのプロジェクトを中止に追い込むことがあるが（Markham, 2000），それと同様に，ベンチャー企業においても，ベンチャー企業の経営を中止まで追い込むことが考えられる。よって，次のリサーチクエスチョン1が得られる。

リサーチクエスチョン1：反対者はベンチャー企業の経営を中止まで追い込むか。

一方，大企業において反対者がプロジェクトにとって，マイナスの影響だけでなく，反対意見や反対行動の結果として，プロジェクトのアイディアや計画

3）　チャンピオンとアンタゴニストに関する先行研究の詳細については，本書第7章を参考のこと。

をより洗練させるなどのプラスの効果もあるが（Markham，2000），それと同様に，ベンチャー企業においても，反対者はベンチャーにとってプラスの効果があることが考えられる。よって，次のリサーチクエスチョン2が得られる。

リサーチクエスチョン2：反対者はベンチャー企業の経営にとってプラスの効果もあるか。

　さらに，前章のように大企業において反対者が場合により，態度を変化させて支援者や擁護者になったり，逆になることがあるが，それと同様に，ベンチャー企業においても，反対者はベンチャーの支援者や擁護者と表裏一体であることが考えられる。よって，次のリサーチクエスチョン3が得られる。

リサーチクエスチョン3：ベンチャー企業の経営において，支援者や擁護者が反対者になることはあるか，また逆に，反対者が支援者や擁護者になることはあるか。

　よって，これらの3つのリサーチクエスチョンを考慮すると，ベンチャー経営における反対者について調査分析する価値が十分にあるといえるだろう。そして，そのためには，ベンチャーの支援者や関係者を中心に社内外の反対者の存在や行動を調査するとよいと思われる。しかし，以上のようにベンチャー経営論はおろか，経営学全般でさえも，反対者の研究は若干にすぎず，本章で分析に用いることができるような理論もほとんどない。
　よって，理論の少ない萌芽的分野であることから探索的な調査研究として位置づけ，これらのリサーチクエスチョンを検討するとともに，同時に反対者に関して得られた事実やエピソードまでも広く本章で提示することにする。なぜならば，提示した事実やエピソードが他の研究者の反対者に関する研究の発端になる可能性があり，一方で，起業を考えている実務家にとっても，有益な知見になると思われるからである。

3. 研究方法

3.1　研究方法

　本章の研究方法は，インタビュー調査を中心とする。マザーズ市場に最近（2011年から2013年）上場したベンチャー企業に調査依頼を行い，インタビューを受け入れて頂けた12社を対象とした（1社はメールでの回答）。そのうち，半数はネットベンチャーである。

　インタビューは，その企業の創業社長等に対して1時間程度行い（合計22名），ICレコーダーに録音し，後に文書化して，分析を行った。また，適時，書籍などの2次資料も収集し，参考にした[4]。なお，インタビューを行った各社の社長等は，デジタルメディアプロフェッショナル，ウォーターダイレクト，エニッシュの3社以外は創業者である。また，インタビューには，ライフネット生命保険を除き，すべての企業において，広報担当社員が同席し，主に話をして頂いた社長らの発言内容の補足説明，事実の確認や訂正を行い，情報の信頼性を高めている。

　インタビュー内容は，起業以前から上場に至るまでのベンチャーの経営において反対意見を唱え，反対行動をとる人物は，存在したか。また，どのような立場の人物で，どのような経緯で，どのような反対行動をとったか。そして，その反対行動はベンチャーの経営やその成功にどう影響したか。さらに，それに対してベンチャー企業の経営者はどのように対応したか，である。

　本来ならば，反対者自身にもインタビューするのが理想であるが，その調査可能性はほとんどないため，行っていない。

　聞き取りおよびデータの分析の参考として，起業以前から上場に至るまでの関係者や支援者を想定した。具体的には，家族や友人，ベンチャーキャピタリスト，事業会社，取引先企業，顧客，競合企業，経営チーム，部下などである。これらを聞き取り時に相手に示すことにより，回答しやすくし，同時にデータ

---

4)　出口（2009），山本（2012）など。

154 第8章 ベンチャー企業における反対者のマネジメント

表 8-1 調査企業とインフォーマント, インタビュー日

企業名と事業概要	インタビュー相手 (役職はインタビュー当時のもの)	日にち
地盤ネット (地盤解析サービス)	代表取締役 山本強氏 社長秘書 鈴木涼加氏	2013 年 6 月 17 日 同上
エニッシュ (スマートフォン向けゲーム開発)	代表取締役社長 杉山全功氏 管理本部経営企画 穎原監人氏	2013 年 6 月 18 日 同上
メディアフラッグ (店舗向け覆面調査)	代表取締役社長 福井康夫氏 管理部管理チームリーダー 青柳美咲氏	2013 年 6 月 25 日 同上
オークファン (ネットオークション情報提供)	代表取締役 武永修一氏 事業統括部広報担当 飯坂玲子氏	2013 年 7 月 1 日 同上
イーブックスイニシアティブジャパン (電子ブックの出版・提供)	取締役会長 鈴木雄介氏 営業部 志賀剛氏	2013 年 7 月 2 日 同上
ウォーターダイレクト (ミネラルウォーター宅配)	代表取締役社長 伊久間努氏 総合企画部広報・PR 担当リーダー 池田明子氏	2013 年 7 月 2 日 同上
ライフネット生命保険 (生命保険のネット販売)	代表取締役会長 出口治明氏	2013 年 7 月 5 日
ベクトル (戦略 PR)	代表取締役 西江肇司氏 ベクトルイニシャル第 5 営業部 藤瀬花氏	2013 年 7 月 8 日 同上
ビューティガレージ (美容・理容サロン向け機器・用品のネット販売)	代表取締役 野村秀輝氏 営業企画部サブリーダー広報・PR 担当 吉田知可氏	2013 年 7 月 9 日 同上
デジタルメディアプロフェッショナル (3D グラフィックス論理回路の開発・提供)	代表取締役社長 山本達夫氏 管理部総務・人事マネジャー 伊藤宏幸氏	2013 年 7 月 22 日 同上
ユーグレナ (ミドリムシの燃料と食料の開発・販売)	代表取締役社長 出雲充氏 経営戦略部広報・IR 担当 安間美央氏	2013 年 8 月 6 日 同上
オルトプラス (スマートフォン向けゲーム開発)	代表取締役社長 石井武氏	メール回答

出所：筆者作成。

の分析や整理にも活用した。得られた事実は, 本章が探索的な調査研究であることから, ややエピソードのレベルのものでも, 今後のベンチャー経営研究やベンチャー企業家の実務のうえで参考になると思われることは提示した。調査した企業名, インフォーマントと日にちの情報を表 8-1 に示す。

3.2 調査企業の事業概要

ここでは，調査した企業各社の概要と起業以前から上場までの簡潔なビジネスの経緯を説明する。

3.2.1 地盤ネット

地盤ネット株式会社は，2008年6月に山本強氏（インタビュー時，代表取締役，以下同様に，インタビュー時の役職を記す）が創業し，2012年12月にマザーズ市場に上場した社員約70名の企業である。

地盤ネットの事業は，住宅地向けの地盤解析サービスであり，具体的には，地盤解析のセカンドオピニオンとして解析サービスを行い，地盤工事の必要がないとの解析結果の場合に，保証書を8万4000円で発行し，後日地盤に問題が発生した場合に，工事費用（100万円以上）の全額を補償するという信用保証のビジネスである。

地盤調査や改良工事を行う大手企業に勤務していた山本氏は，業界でこれらの両方を同じ企業が行っていて，調査で問題のない土地に対しても改良工事が必要との診断結果を出して，無駄な改良工事を受注している悪い慣習があったため，これを改善しようと起業した。当初はいくつもの種類の関連ビジネスを行っていたが，顧客や代理店の声に従い地盤解析サービスだけに絞った。すると，顧客らから，地盤解析結果の信用保証がほしいという声が多く寄せられたため，現在の信用保証のビジネスモデルを構築し，業績を伸ばした。しかし，既存業界の構造を破壊するビジネスであったため，業界の大手企業から多くの妨害を受けた。また，家族の反対にもあった。

3.2.2 エニッシュ

株式会社エニッシュは，ヤフー出身の安徳孝平氏（取締役）と公文善之氏（取締役）が2009年2月に創業し，2012年12月にマザーズ市場に上場（その後，2013年1月に東証1部に変更）した，携帯電話向けのソーシャルゲームアプリケーションの開発，運用，販売を行っている社員100名以上の企業である。この事業は，ゲームを，携帯電話のゲームプラットフォームであるGREE，DeNA，Amebaに供給して，その売上げの40％をこれらの会社に課金代金とし

て支払い，残りの 60% を自社の収益にしている。

　GREE や DeNA などの大手携帯電話向けゲームプラットフォーム企業のオープンコンテンツ政策に対応し，それらの企業の資本参加の下で創業された。携帯電話向けソーシャルゲーム「ぼくのレストラン」などヒットゲームを開発し続け，順調に業績を伸ばしている。このため，反対者は存在しなかった。

3.2.3　オルトプラス

　株式会社オルトプラスは，石井武氏（CEO）が 2010 年 5 月に創業し，2013年 3 月にマザーズ市場に上場した（その後，2014 年 3 月に東証 1 部へ変更），エニッシュと同様に，携帯電話向けのソーシャルゲームアプリケーションの開発，運用，販売を行っている社員 200 名以上の企業である。事業内容は，ゲームコンテンツは異なるものの，ほぼエニッシュと同様である。

　エニッシュと同様に，大手携帯電話向けゲームプラットフォーム企業のオープンコンテンツ政策に対応し，それらの企業の資本参加の下で創業された。2012 年 8 月に GREE 向けソーシャルゲーム「ダービーズキングの伝説」をリリースし，その後も大手ゲーム企業と提携して，ゲームコンテンツを次々にリリースし，順調に業績を伸ばしている。このため，反対者は存在しなかった。

3.2.4　メディアフラッグ

　株式会社メディアフラッグは，福井康夫氏（代表取締役社長）が 2004 年 2 月に創業し，2012 年 9 月にマザーズ市場に上場した，流通店舗向けの覆面調査サービスを行う企業である。具体的には，全国に 17 万人のスタッフを登録し，必要に応じて，スーパーやコンビニ，飲食業，銀行などの店舗での顧客目線での覆面調査を行い，現場のサービスの問題点の発見や改善提案，競合店の調査などを行っている。

　セブンイレブンに勤務していた福井氏は，そのスーパーバイザー制度と同様のサービスを，これを持てない，または専用組織を持つまでもない流通店舗向けに行うというアイディアで起業した。実際には，すでに同様のミステリーショッパー（覆面調査）を行う企業は多く存在したため，この業界の 1 位を目指した。しかし，調査員の派遣を行うために提携した人材派遣会社との連携が

うまくいかず，またノウハウも少なかったため，業績が芳しくなく，経営陣や部下が対立し，辞めていき，株主とも対立した。しかし，反省し，経営理念を確立して，ノウハウを蓄積していき，徐々に業績を改善していった。

3.2.5 オークファン

株式会社オークファンは，武永修一氏（代表取締役）が 2007 年 6 月に設立し，2013 年 4 月にマザーズ市場に上場した，オークション価格やインターネットでの商品価格の情報を，法人向けおよび個人向けの両方の売り手と買い手に提供するネット上のサイトの運営を行う，社員約 40 名の企業である。楽天やヤフーなど大手オークションサイトから情報を入手し，情報を加工している。

学生時代からリサイクルビジネスを仲間と行っていた武永氏は，家族の反対を押し切り起業したが，当初，経営者としての経験が浅く，起業に際して仲間割れをしたり，詐欺師に騙された。しかし，その後ブランド品の買取ビジネスを軌道に乗せて，そのビジネスを行う上で参考にしていたオークション情報サイトを買収し，現在の企業を設立した。しかし，このビジネスが当初軌道に乗らず，経営陣や部下が反対し，辞めていくなどしたため，社員全員で会社を作っていくという雰囲気にして，大手競合企業からの買収の動きなどをかわしながら，徐々に業績を改善していった。

3.2.6 イーブックスイニシアティブジャパン

株式会社イーブックスイニシアティブジャパンは，鈴木雄介氏（取締役会長）が 2001 年 5 月に創業し，2011 年 10 月にマザーズ市場に上場した（その後，2013 年 10 月に東証一部へ変更)，書籍の電子出版を行い，ネット上で読者に販売を行う企業である。書籍の版権は著者もしくは出版社と契約して取得し，編集せずにそのまま電子ファイル化する。手塚プロダクションや集英社など著名なコンテンツを豊富にそろえている。

小学館の週刊誌編集者であった鈴木氏は，書籍の返品の山を見て，ネット時代により，この返品の無駄を解決したいと考え，電子出版のビジネスに興味を持ち，政府の補助によりビジネス実験を行い，その結果をもとに家族の反対にあいながらも起業した。当初は，まだインターネット環境が悪く，書店に無料

CD を配布するなど長い間営業に苦労したが，ブロードバンドの普及に伴い，通信会社各社にコンテンツを OEM 供給することができ，業績を改善することができた。さらに，iPad の販売で電子書籍の需要が急激に伸び，業績を大きく伸ばしていった。なお，このような経緯のなかでベンチャーキャピタル（以下，VC）との対立が存在した。

3.2.7 ウォーターダイレクト

株式会社ウォーターダイレクト（社長伊久間努氏）は，リヴァンプという企業の新規ビジネスとして，2008 年 10 月に設立され，2013 年 3 月にマザーズ市場に上場した（その後，2014 年 4 月に東証二部へ変更），自宅市場向けの富士山の天然水のミネラルウォーターの宅配を行う企業である。

大手浄水器メーカーの社長が，リヴァンプにミネラルウォーターの宅配ビジネスのアイディアを持ち込み，リヴァンプの別会社としてウォーターダイレクトが設立された。当初は地域のガス会社を販売代理店にしたが，契約があまり取れずに業績が芳しくなく，経営陣などに対立が生まれ，また，追加の出資者を獲得するのが困難であった。そのような中，ある社員のアイディアで秋葉原のヨドバシカメラの店頭で実演販売を行ったところ，好評だったため，家電量販店での店頭販売を拡大し，業績が改善されていった。

3.2.8 ライフネット生命保険

ライフネット生命保険株式会社は，出口治明氏（取締役会長兼 CEO）が 2006 年 10 月に生命保険準備会社「ネットライフ企画株式会社」として創業し，2008 年 5 月から営業を開始し，2012 年 3 月にマザーズ市場に上場した，ネット販売の生命保険会社であり，その原価を公開し，保険料を従来の半額にし，約款など他社との比較情報を開示している。

大手生命保険会社の社員であった出口氏は，以前より，生命保険の営業組織の無駄を感じ，ネット時代のビジネスが生まれるなか，生命保険のネット販売のビジネスを計画し，入念な事業計画をもとに金融庁と折衝し，許認可を得られたので，起業し，順調に業績を伸ばしていった。このため，反対者は存在しなかった。

3.2.9　ベクトル

　株式会社ベクトルは，西江肇司氏（代表取締役会長）が 1993 年 3 月に学生
ベンチャーとして創業し，2012 年 3 月にマザーズ市場に上場した，戦略 PR
サービスの事業を中心に行っている社員 300 名以上の企業である。戦略 PR と
は，従来の消極的な PR（広報）と異なり，しかし広告ではなく，テレビ番組
の中で商品を取り上げてもらい，雑誌の記事に書いてもらい，WEB で話題や
ニュースにしてもらうように，積極的に仕掛けるマーケティングである。

　学生時代からサークル活動の延長で仲間割れなどを経験しながら，旅行や
パーティーの企画などのビジネスを行っていた西江氏は，大手時計会社から商
品をテレビで紹介してもらえるようにとの依頼を受け，知人に託した。しか
し，うまくいかずこの企業からクレームを受けたのを発端に，自分でテレビ局
に商品を PR したところ成功したため，このビジネスを中心に事業を成長させ
ていった。

3.2.10　ビューティガレージ

　株式会社ビューティガレージは，野村秀輝氏（代表取締役 CEO）が 2003 年
4 月に創業し，2013 年 2 月にマザーズ市場に上場した，理容・美容サロン向け
の中古・新品の機器と用品のインターネット販売を低価格で行う企業である。

　理容・美容サロン向けの機器や用品の販売は，従来多くの専門ディーラーと
大手機器メーカーによる人的販売方法によっており，多段階の流通構造により
高価で開業費用が非常にかかっていた。そこで，弟の友人が持ち込んだ中古機
器のネット売買のビジネスアイディアに興味を持った野村氏が，弟の反対にあ
いながら起業した。顧客には好評であったが，業界の利権構造を破壊する企業
として，業界内で様々な反対活動に直面したが，これらを 1 つ 1 つ解決しなが
ら，理容・美容サロンの開業支援事業やネイルサロン，エステサロン向けの事
業を追加して，業績を伸ばしていった。

3.2.11　デジタルメディアプロフェッショナル

　株式会社ディジタルメディアプロフェッショナルは，法政大学教授であった
池戸恒雄氏（代表取締役社長は山本達夫氏）が 2002 年 7 月に創業し，2011 年

6月にマザーズ市場に上場した，3次元コンピュータグラフィックス（以下，3DCG）の半導体回路を開発し，その知的財産（以下，IP）を半導体メーカーやそれを組み込んだセットメーカーにライセンスするビジネスを行う企業である。

起業時には，世界の大手企業をしのぐ3DCG半導体製品を開発し，販売するビジネスを行うという壮大なビジョンがあったが，研究開発費が枯渇し，VCにも反対されたので，新社長は3DCG回路のIPだけをライセンスするビジネスに変更し，VCを味方につけ，経営を立て直した。しかし，採用実績がないため受注できずにいたが，大手パチンコメーカーが採用してくれることになり，さらに，この実績により他の企業からも受注に至った。そして，激しい競合企業との争いに勝利し，任天堂からも受注し，業績を伸ばしていった。

3.2.12　ユーグレナ

株式会社ユーグレナは，出雲充氏（代表取締役）が2005年8月に創業し，2012年12月にマザーズ市場に上場した（その後，2014年12月に東証一部へ変更），ミドリムシ（学名：ユーグレナ）を中心とした微細藻類に関する研究開発，生産，販売を行う企業である。

東京大学農学部出身の出雲氏らが，農学部の研究成果であるミドリムシの大量生産技術を用いて，世界の食糧問題を解決するという壮大なビジョンのもとで，起業した。ビジネスとしては，ミドリムシを食料として大手企業にOEM供給し，大手石油会社と共同で燃料開発を行っている。さらに，現在では緑汁などを商品化し，直販のビジネスも行っている。現在まで，特に反対者は存在していない。

4.　反対者に関して得られた事実

4.1　企業別の反対者の種類

調査の結果，反対者は，家族・友人，起業仲間，詐欺師，経営チームと部下，VCなどの出資者，競合企業，顧客，既存業界であった。

4. 反対者に関して得られた事実　*161*

表 8-2　調査企業別の反対者の種類

企業名	反対者の種類
地盤ネット	家族，競合企業，部下
エニッシュ	なし
メディアフラッグ	経営チームと部下，個人株主
オークファン	家族，友人，起業仲間，詐欺師，競合，部下
イーブックスイニシアティブジャパン	家族，社員，VC
ウォーターダイレクト	VC，出資者，経営チーム
ライフネット生命保険	VC
ベクトル	起業仲間
ビューティーガレージ	家族，業界雑誌，取引先，展示会
デジタルメディアプロフェッショナル	VC，顧客，競合
ユーグレナ	なし
オルトプラス	なし

出所：筆者作成。

　調査した企業別に，どのような種類の反対者が存在したかを，表 8-2 にまとめた。

　企業別の特徴として，反対者が少なかった企業として，まず，すでに起業時に計画するビジネスが確実であり，業界内の構造のなかで起業したエニッシュ，オルトプラスでは，反対者の行動や反対意見などは全く存在しなかった。これらの企業は事業リスクが非常に少ないため，反対行動や反対意見の余地がなかったものと思われる。また，業界構造のなかに組み込まれた企業なので，業界や関係企業からの反対行動もなかった。

　また，起業時に大きな事業の夢を掲げたユーグレナでも反対行動や反対意見は存在しなかった。これは，この企業のミドリムシで地球の食糧問題を解決したいという大きな夢に賛同する人，企業および VC とのみ付き合っているためである。

　一方，企業に関係なく，多いのは家族の反対である。これは様々な業界の企業に存在しているので，普遍的な存在の反対者といえる。また，学生ベンチャーでは，起業仲間との仲間割れや詐欺師といった特徴的な反対者も見られる。

162 第 8 章 ベンチャー企業における反対者のマネジメント

　また，既存業界の構造を破壊するようなビジネスを行っている地盤ネットや
ビューティガレージでは，既存業界の様々な企業からの反対行動が存在してい
る。

　さらに，事業が当初うまくいかなかった企業，メディアフラッグやウォー
ターダイレクトでは，経営チームや部下などをはじめ，多くの種類の反対行動
があった。

　さらに，多くの企業で VC による反対行動や反対意見が見られた。これはあ
る程度リスクのあるベンチャービジネスでは仕方のないことであろう。むし
ろ，VC による反対行動は意外と少ないといえるのではないだろうか。

　以上をまとめると，起業が，組織的に行われた企業や，ビジョンを明確に
し，業績が良好であった企業では，反対者は全く存在せず，また，業績が悪
かった企業や既存業界と激しく競合する企業に反対者が多く存在し，これら以
外の企業ではその中間程度の反対者の存在であり，学生ベンチャーでは，起業
仲間や詐欺師といった特徴的な反対者が存在していた。以上が企業や企業の特
徴別の反対者の傾向である。

4.2　反対者の種類別の企業

　反対者の種類別に存在した企業数と企業名を表 8-3 にまとめた。

　反対者の種類別で，最も企業数が多かったのが，経営チームと部下の 5 社で
あり，そのうち，メディアフラッグ，ウォーターダイレクト，オークファンの
3 社は，経営業績が芳しくなかったため，経営陣や部下が反対し，辞任してい
た。一方，地盤ネットとイーブックスイニシアティブでは，経営スピードにつ
いてこられない部下や優秀でない部下が辞めることは，肯定的であった。

　また，VC などの出資者も同じ 5 社と最も多かったが，そのうち，デジタル
メディアプロフェッショナル，ウォーターダイレクト，メディアフラッグの 3
社は経営業績が芳しくないことによる VC との利害関係の対立であり，イー
ブックスイニシアティブは特定のキャピタリストと経営者との電子出版事業と
いう事業方針をめぐる対立や，ある VC との株価評価をめぐる対立であり，ラ
イフネット生命保険は，情報システム開発をベンチャー企業に発注することに
よるリスクへの VC の反対であった。

4. 反対者に関して得られた事実　　*163*

表 8-3　反対者の種類別の企業数と企業名

反対者の種類	企業数	企業名
家族	4 社	地盤ネット，オークファン，イーブックスイニシアティブ，ビューティーガレージ
起業仲間	2 社	オークファン，ベクトル
詐欺師	1 社	オークファン
経営チームと部下	5 社	メディアフラッグ，ウォーターダイレクト，オークファン，地盤ネット，イーブックスイニシアティブ
VC などの出資者	5 社	デジタルメディアプロフェッショナル，イーブックスイニシアティブ，ウォーターダイレクト，ライフネット生命保険，メディアフラッグ
競合企業	3 社	地盤ネット，デジタルメディアプロフェッショナル，オークファン
顧客	1 社	デジタルメディアプロフェッショナル
既存業界	1 社	ビューティーガレージ

出所：筆者作成。

　次に多かったのが家族（友人を含む）の4社であり，ビューティガレージでの起業家の弟の起業計画への反対以外の3社は，起業への無理解，その収入の不安定や今後への不安などの理由により，家族と距離が生まれ，場合によっては配偶者と離婚の危機にも至っていた。

　競合企業は3社であり，いずれも業界内の競争が厳しいことにより，競合から悪い噂を流され，また，競合から買収をほのめかされていた。

　さらに，起業仲間との仲間割れの2社や詐欺師の1社は，学生ベンチャーの特徴であり，前者は起業により，仲間同士に組織としての上下関係が生まれることによる対立，後者は経営者が詐欺師につけこまれたのであった。また，顧客の1社は，先端技術を営業するに当たり，顧客から実績がないと信用されないことだった。既存業界の1社は，既存業界の利権構造に対立する起業のために生じた，業界内の様々な企業からの反対行動であった。

4.3　家族

　ここからは，反対者の種類別に得られた事実の詳細を記述する。

4.3.1　地盤ネット

社長は1人目の子どもが生まれたと同時に起業したが，配偶者から信用されなくなった。また，起業してビジネスが忙しくなったこともあり，夫婦仲が悪くなり，離婚の危機があった。家にいられないことがよくあり，また配偶者が実家に帰ってしまうことも頻繁にあった。さらに，両親や親戚からも総反対を受けて，距離を置かれてしまった。ビジネスがうまくいっていない話を聞きたくないとか，お金を無心されるのではないかと両親などは，電話すらしてこなかった。

これらに対してはどうすることもできなかったが，上場した途端に配偶者も両親も親戚も態度を翻し，良好な関係になった。

4.3.2　オークファン

祖父の設立した社員100名程度のガス会社の3代目になることを家族から期待されていたが，大学に行き，ブランド品の買い取りビジネスを始めたところ，家族から大学を卒業したら，山口の実家に帰って，跡を継ぎなさいと強く引き留められた。そこで，家族には内緒で，ビジネスを継続していった。

また，京都大学法学部の友人たちがみな官僚になり，弁護士になり，彼らから見て，理解できないことをやっていると同窓会にも呼んでもらえなかった。

4.3.3　イーブックスイニシアティブジャパン

小学館を辞めて起業すると配偶者に話すと，ビジネスの内容を理解されず，反対された。大企業を辞めて，店頭で魚を並べて売るように，電子ブックの端末を並べて売るように思われた。

いくら話をしても理解されなかったため，それ以上話をしなかったが，毎月給料が入ってくるので配偶者は傍観していた。娘もうちの父親はだめだと友人に相談していたようであった。家族は安定的な生活のほうを望んでいるので，ベンチャーをやることを家族に話しても理解されないだけである。

4.3.4　ビューティガレージ

理美容機器の中古品のネット販売の事業で起業しようとしたときに，中古の

機器なんて誰も買わないと，弟が反対した。

　そこで，熱心に弟を説得した。弟は，美容院向けの店舗設計の会社を経営していたので，そのビジネスも事業内容に含めて，チャンスだから一緒にやろうと，逆に100万円出資させた。弟は，現在でも取締役である。

4.4　起業仲間
4.4.1　オークファン
　ブランド品の買い取りビジネスを学生時代から行っていたが，会社組織にした途端に仲間の半数が会社のような自由でない組織はいやだと辞めてしまった。皆で集まってゲームをやったりするなど，学生の雰囲気の自由さが気に入っていたようであった。私は社長，おまえは副社長と序列をつけたことが嫌われた。

　そして，副社長だった仲間も辞めていき，主要な取引先を横取りされてしまった。そのため，関西をあきらめて，東京に出てきて同じビジネスを始めた。

4.4.2　ベクトル
　先輩のやっていた学生中心の会社を意見が合わなくて辞めて，仲間を連れてきてベクトルを起業した。

4.5　詐欺師
4.5.1　オークファン
　起業当時に仲間割れして，売上げが減少して悩んでいると，怪しい人たちが近寄ってきた。ある自称経営コンサルタントは，ソフトバンクの孫さんもよく知っているので，月50万円で顧問契約を結び，売上げを伸ばしてあげようと言ってきたため契約してしまった。

　しかし，その後，何も連絡もなかったため，解約しようとしたところ，訴訟を起こされてしまった。年間600万円の顧問料で3年契約で1,800万円支払えというものであった。そのため，友人の弁護士を立てて，裁判に応じていったが非常に辛い時期であった。

166 第8章 ベンチャー企業における反対者のマネジメント

4.6 経営チームと部下

4.6.1 メディアフラッグ（1）

起業して4年間はずっと赤字が続き，さらに会社が成長するなかでその軸足が定まらず，社員が定着しなかった。経営陣も社長ともう1人を除いて創業時の役員はみな経営に異論を唱え，このままではうまくいかないと2008年頃に辞めていった。特に大企業から転職してきた頭脳の優秀な人ほど，先が見えてしまい異論を唱えていた。

ベンチャー企業なので信用や実績がないため，コンペで負けるのは当たり前だが，大企業から来た人は，「これだけ頑張っているのに売れないのはおかしい」という話になってしまった。

そのようななかで，辞めていった人の補充としては，外から採用するよりも下から昇進させていくことにした。そして，経営の軸足を定めるために，社会に貢献する事業とか，社員を大切にするという経営理念を確立して，社員のモチベーションを高めていった。そのようにして，徐々にノウハウも蓄積し，業績も向上していった。

4.6.2 メディアフラッグ（2）

当初の副社長が，ずっと赤字続きだったために，会社に出資してくれていた博報堂に会社を売却すべきだと主張して社長と意見が対立した。結局，副社長は会社を辞めていった。

4.6.3 ウォーターダイレクト

創業時や経営がうまくいかないと，社内でいろいろと意見の食い違いが起こった。むしろ，皆出身が違ったので，意見の対立だらけであった。特に現場では社外取締役がうるさいと，こっそり仕事を進めるようになった。

自分が社長になってからは，計画を立ててそれに対して，説明して，他の役員や社外役員の承諾だけを取るようにして運営するようにした。そうすることで意見の対立で運営が止まってしまわないようにしている。

4.6.4 オークファン

始めたばかりのオークション情報サイトのビジネスも当初収益が上がらなかったため，大手企業から来た社員3人が辞めてしまった。そのため社内が悪い雰囲気になり，社長が社内でプレゼンしていても後ろのほうでヒソヒソと「言っていることが違うよね」などと陰口を言われ，さらに多くの社員が辞めていった。

そのため，会社は社員全員で作っていくという雰囲気を作り，対応していった。

4.6.5 地盤ネット

普通の企業の4，5倍のスピードで仕事を行っているので，それについて来られない部下が辞めるということがよくあった。これは，仕方がないことである。

4.6.6 イーブックスイニシアティブジャパン

途中で辞めた社員も結構いたが，ベンチャー企業なので，人を回転させるなかで，いい人材を見つけて，集めていくという方法がいいと考えているので気にしていない。

4.7 VC などの出資者
4.7.1 デジタルメディアプロフェッショナル

起業当初は，PC向けの強力な競合に対抗する3DCG処理の半導体チップを開発，製造，販売するビジネスモデルであったが，当然うまくいくはずもなく，資金も枯渇しつつあり，VCも撤退ムードであった。

そのため，新社長が，PC向けでなくモバイル向けに変更し，さらに半導体のIP（知的財産）だけをライセンスするビジネスモデルに変更する計画を作成し，VCにプレゼンテーションをしたところ，同様の成功事例がすでにあることから多くのVCが出資に応じてくれ，多額の事業資金を得ることができた。特にこの説明会では新社長の出身のルネサステクノロジーが自社で説明会を主催してくれ，当社の技術がいかに素晴らしいかをPRしてくれたことが大き

かった。また，リードVCだったジャフコも他のVCを多く連れてきてくれた。

4.7.2　イーブックスイニシアティブジャパン

多くのVCに出資してもらったが，あるVCの担当キャピタリストと本気で喧嘩をした。出資して社外役員に入っているから自分は偉いという感じで，事業計画を作成するときも関係者皆でやっていたが，そのキャピタリストは私とだけやりましょう，と自分の都合のいいようにしようとしたので，それは違うと断ると，社長を首にすると言ってきた。

そこで喧嘩になり，そのVCの社長に担当を変えてくれというと，そのVCの社長自らが担当になってくれて，その後は問題がなくなった。

また，ある時，別の大手VCと出資の話をすると，こちらの提示した株価が高すぎると言ってきた。そこで交渉を1カ月近く行ったが，妥結しなかったため，経理担当者と相談して，そのVCからの出資をあきらめることにした。その後は，単にお金目的のビジネスでなく，本の出版という独自の文化を本当に理解してくれるVCとだけ付き合うようにし，実際に出資を獲得した。

4.7.3　ウォーターダイレクト

ビジネスがうまく行かないとか，リーマンショックで多くの事業会社の経営が悪くなると，自社への出資を引き揚げるということが頻繁に起こったので，頻繁に出資のお願いをして回っていた。

しかし，プレゼンテーションしても出資してくれるのは，100社のうち3社程度，すなわち3%位しかなかった。基本的に事業計画を理解してもらえないのが普通だと認識して活動した。

そういう状況では，何人か出資を引き受けてくれるだろうという大物人物を思い浮かべて，アプローチしてお願いして，何とか今に至っている。

4.7.4　ライフネット生命保険

起業が決まり，システム開発を行う段階になって，商品内容も十分に決まっていなかったので，それにあった開発方法で行っているベンチャー企業を選択せざるをえなくなり，17社のVCのうちの1社が，下請けのベンチャー企業の

リスクまで引き受けることはできないと反対した。

しかし，開発方法を考慮するとそのベンチャー企業に依頼せざるをえないため，説得し，そのVCに反対するならば代わりの代案を提案しろというと，仕方がないと従うことになった。

4.7.5　メディアフラッグ

赤字続きだったので，お金だけにしか興味のない個人株主からのクレームが増えたため，その対応として，そのような個人株主から株式を買い戻すことを行った。

4.8　競合企業
4.8.1　地盤ネット

業界の既存企業，特に地盤改良工事の企業からの反対行動をずっと受けてきた。具体的には，痛烈な批判を受け，悪い噂を流されてきた。たとえば，当社の現場では事故が多発しているとか，問題が起きて訴訟になっているなどである。特に，業界の大手企業によるものがほとんどであった。

それに対しては，そのような噂を聞きつけると，代理店などに対して，事実でないことを実証することを繰り返し，1つ1つ噂を消していった。すると，その分，逆に信用が得られた。

また，東日本大震災の影響で，当社の診断結果の正しさが数多く実証されることになり，信頼と実績を得て，売上げが急激に上昇した。さらに株式上場したことで会社に社会的な信用がつき，それ以降は悪い噂を流されなくなった。

4.8.2　デジタルメディアプロフェッショナル

競合企業との戦いは，非常に厳しい。特に，外資系の競合企業だとネガティブキャンペーンを行うような企業もある。そのため，営業担当には競合企業の社長が昼食をどこで何を食べているかまで調べて来いと命じて，競合企業の動きに注視している。

4.8.3　オークファン

ヤフーからデータを得ていたが，ある時，ヤフーから会社を統合し，さらにこれまで支払っていたアフェリエイトの 8,000 万円の代金も支払わないと言われた。米国系企業の常套手段である。

そのため，自社とヤフーとの共存共栄のメリットをヤフーの事業部長などにプレゼンして説得し，何とか事を免れることができた。

また，競合している大手企業から自社の配下になってほしいと提示されたことがあった。それに対しては，ちょうど上場準備中であるので，上場した後に一緒に会社を設立してやりましょう，と提案してかわすことができた。

4.9　顧客

4.9.1　デジタルメディアプロフェッショナル

試作品を作成して展示会で PR すると各社とも興味を持ってくれたが，採用実績がないというとすべての企業が採用してくれなかったため，売上げが立たない状態が続いた。その中で，あるパチンコメーカーの人がどこも採用していないならうちが採用すると言ってくれ，半導体チップを開発，製造して提供することができた。

このことを教訓として，パチンコなどアミューズメント業界に集中して営業を行った。そして，事業計画として，第一段階でアミューズメント業界などの新規参入障壁の低い市場で実績を作り，第二段階でこの実績をもとに，ゲーム機などのハイボリューム市場に参入し，第三段階で自動車などの長期成長市場分野へ参入するというシナリオを考え，その通りに実施していった。これは VC を説得するのにも良いツールになった。

4.10　既存業界

4.10.1　ビューティガレージ

① 業界雑誌

起業して，理美容機器のネットでの中古販売のビジネスを行うことを広く PR しようと，業界雑誌に広告を掲載しようとしたが，前金支払いの条件でもすべての雑誌に断られた。自分の広告代理店の経験からすると，前金条件でも

広告掲載を断るのは，反社会的組織の広告などごく限られたケースしかないのに，当社は，理美容業界の利権構造や既得権を破壊する異端者として扱われて，断られた。

業界雑誌は本屋で販売するのではなく，ディーラーが届ける形態になっているので，ディーラーを不要にする当社のビジネスが問題視されたのである。

仕方がないので，広告掲載はあきらめて，唯一業界の求人誌だけは広告を許してくれたので，求人誌に中古の機器を買取します，とか中古の機器を安く販売しています，と広告を掲載し，他には，ダイレクトメールを大量に送ってプロモーションを行った。美容院の名簿はタウンページなどで簡単に入手できるからである。

② 取引先

中古の理美容機器のネット販売が軌道に乗ってくると，新品販売のニーズが生まれた。椅子を6脚ほしいが中古品は4脚しかないため，残りは新品を購入したいといったニーズである。そこで，新品の取引をメーカーに依頼すると，相手から敵視されて，供給してもらえなかった。また，中古品を販売すると故障や破損などで修理が必要になるが，メーカーは当社が販売した商品の修理や部品の供給を拒んだ。これは，本当に困った。

そこで，部品の供給を得られないことで社内が非常に動揺したが，社内でメンテナンス技術や組織を持つようにしていき，当社で修理できるようになった。

また，部品はメーカーと直接取引できなかったが，中間に1社または2社の業者を入れることで購入し，小さなディーラーや美容院に交渉して，購入した部品を回してもらうようにした。また，このような経験から徐々に自社開発，製造の商品を持つようになっていった。

③ 展示会

理美容業界に敵視されているので，美容院向けの展示会に出展させてもらえない。これは現在までも続いていて，対応のしようがない。

172　第 8 章　ベンチャー企業における反対者のマネジメント

5.　リサーチクエスチョンに対する分析

5.1　リサーチクエスチョン 1：反対者はベンチャー企業の経営を中止まで 追い込むか，の分析

　本章では成功したベンチャー企業を対象にしたため，中止になり，失敗した事例を調査していないので，正確には不明である。しかし，中止とまでいかないが，それに近いことは見受けられた。

　つまり，経営チームと部下による反対行動は経営に大きな影響を与えていた。メディアフラッグでは，赤字続きで見通しが立たないため，経営陣のほとんどや部下の多くが辞めていってしまい，経営が空転した。また，オークファンでも同様に幹部社員が辞め，その影響で他の多くの社員も辞めたため，業務に支障をきたした。ウォーターダイレクトでも経営陣の意見の対立が絶えなかったため，経営陣の入れ替わりが起こった。よって，業績悪化を原因とするこれらの経営陣や幹部社員の反対行動は，ベンチャー企業の経営の根幹を揺るがす重要な要因である。

　また，VC の態度もベンチャーの経営に大きな影響を与える。ウォーターダイレクトでは，リーマンショック後に VC 各社や事業会社が資本を引き揚げようとしたため，経営の危機に陥った。

　以上のように，業績悪化により，経営陣や部下，さらに VC は，その反対行動によって，ベンチャー企業 4 社の経営を中止とまではいかないが，経営の危機をもたらすほどの影響を与えている。よって，次の命題 1 を提示することができる。

命題1：反対者はベンチャー企業の経営の危機をもたらすほどの影響を与える。

　よって，ベンチャー企業の経営において，反対者のマネジメントは重要である。

5.2 リサーチクエスチョン２：反対者はベンチャー企業の経営にとってプラスの効果もあるか，の分析

本章では，ほとんどの種類の反対者の場合はプラスの効果は見られなかったが，経営チームと部下に関してのみ，ある程度のプラスの効果が見られた。

メディアフラッグでは，経営陣や部下の退社により，社長は反省して経営理念の確立を行い，社員のモチベーションを高めようと努力して業績向上に貢献していた。

オークファンでも同様に社長のやり方に合わない大手企業出身の幹部や社員が次々と辞めていき，社内の雰囲気も悪くなったため，会社は社員全員で作っていくという雰囲気を作り上げるように努力した。

イーブックスイニシアティブジャパンの場合には，逆に社員が辞めていくのはベンチャー企業にとって悪いことではなく，そのようななかで優秀な人材を集めればよいと肯定的な考えであった。

つまり，メディアフラッグとオークファンの２社では，起業家の未熟な経営により経営人や社員が反対行動をとり，その結果，起業家が反省して経営を改善していくプロセスが見られた。よって，これらのプロセスは命題２として，以下のように提示できる。

命題２：ベンチャー企業の経営において，起業家の未熟なベンチャー企業経営
→経営陣や社員の反対行動→起業家の反省→経営の改善，というプロセスが存在する。

よって，経営チームや部下の反対行動は社長にとって，反省材料として，経営を改善させる良い機会を与えていると考えることもできよう。

5.3 リサーチクエスチョン３：ベンチャー企業の経営において，支援者や擁護者が反対者になることはあるか，また逆に，反対者が支援者や擁護者になることはあるか，の分析

ベンチャー企業の場合でも，本来支援者である人物が反対者になり，反対していた人物が支援者に変わっていた。まず，家族について，地盤ネットでは，

上場するまでは配偶者をはじめ家族が反対して関係が悪化していたが，上場した途端に態度が変わり，好意的な態度になった。また，ビューティガレージでは，当初社長の弟が起業に反対していたが，説得の結果，役員になり現在は会社に大きく貢献している。

　起業仲間については，オークファンでは，当初一緒にゲームを行うなど同じビジネスを行う仲間同士で非常に仲が良かったが，起業し，会社組織にして序列をつけた途端に態度を変えて，皆嫌気がさして辞めていき，なかには顧客基盤を横取りしていくものもあった。ベクトルでは，先輩の経営する会社からベクトルの社長自らが仲間を引き連れて辞めて，起業した。友人についても，オークファンでは，同窓会にも呼ばれないほど距離を置かれていたが，現在では良好な関係に変わっている。

　また，経営チームと部下も態度を変えることがある。メディアフラッグでは，当初一緒にやろうと入社した副社長をはじめ多くの社員が，赤字続きに嫌気がさし，経営方針に異を唱えて辞めていった。

　さらに，デジタルメディアプロフェッショナルでは，当初の事業計画に撤退ムードであったVC各社が，ビジネスモデルを変更した途端に，非常に好意的になり，多額の資金集めに成功した。また，オークファンでは，これまで取引先であった大手企業から突然に支配下になれといわれることが複数件あった。

　以上のように，ベンチャー企業においても，デジタルメディアプロフェッショナルやメディアフラッグなどで見られるような業績の変化や，ビューティガレージやオークファンなどで見られるような起業に伴う組織環境変化を原因に，家族・友人，起業仲間，経営チームと部下，VC，取引先について，このような支援者から反対者へ，また逆に反対者から支援者への態度の変化が，非常に数多く存在していた。これらの原因は，利害関係の変化およびベンチャーの経営への見通しの変化であるが，すべてに共通してそれらの根底には利害関係の変化が見られる。よって，次の命題3を提示できる。

命題3：ベンチャー企業の経営における，ある種類（家族・友人，起業仲間，
　　　　　経営チームと部下，VC，取引先など）の支援者は，利害関係の変化に
　　　　　より，反対者に変化し，また逆に，反対者が支援者に変化することが

ある。

よって，起業家はこれらの利害関係の変化に伴う，関係者の態度の変化に十分に注意する必要があろう。

6. 考察

本章の調査の結果，ベンチャー企業の経営において，反対者は，家族・友人，起業仲間，詐欺師，経営チームと部下，VC などの出資者，競合企業，顧客，既存業界で多様に存在した。そのうち，家族，経営チームと部下，VC，競合企業，顧客は調査前に想定していたものであったが，起業仲間，詐欺師，既存業界は想定していなかった新しい発見であった。また，3 つのリサーチクエスチョンについてもそれを支持し，豊富な事実をもとに分析を行い，さらに 3 つの命題を提示した。ここでは，いくつかの論点について議論を深めたい。

6.1　ベンチャー企業の経営において反対者が生まれる理由

ここでは，4.1 と 4.2 と 5.3 で得られた結果をもとに，ベンチャー企業の経営において反対者が生まれる理由について考察する。まず，結論からいうとその理由は，ベンチャー企業や経営者との利害関係の対立や変化である。以下にこの説明を行う。

本章の調査分析から，業界大手企業の利権構造内で起業した企業や経営ビジョンを明確にし，業績が良好であった企業では，反対者は全く存在しなかった。これは，ベンチャー企業内外の関係者の利害を事前に調整し，それが変化しなかったためである。一方，業績が悪かった企業や既存業界と激しく競合する企業に反対者が多く存在したが，これは業績の悪化により，これまでの利害関係者（経営陣や部下，VC など）の利害が悪化したためであり，また，起業によって競合との顧客の奪い合いという利害の対立が生まれたためである。

これら以外の企業ではその中間程度の反対者の存在であったが，それらの反対者は，家族や，学生ベンチャーでの起業仲間であり，これらも起業に際し

て，収入の不安や上下関係の発生など利害関係の対立が生まれたことによる。なお，詐欺師は，経営の悪化により，詐欺師が狙う機会が生じるという利害関係の発生と考えられる。以上のように，ベンチャー企業において反対者が生まれる理由は，本章で調査した事例すべてに共通して，ベンチャー企業または経営者との利害関係の対立や変化によるものであるといえる。

逆に考えれば，人や組織は，実際の利害関係がなければ，起業家やベンチャー企業の経営に反対し続け，反対行動までとらないということである。

しかし，宗教やイデオロギー，出身地域などによる起業家との対立といった例外も想定される。現在の日本において，これらがどの程度，ベンチャー企業の反対者や反対行動として存在するかは定かではないが，本章の 12 社への調査で情報が得られなかったことから，存在したとしても，かなり少数であると思われる。よって，次の命題 4 を提示できる。

命題 4：ベンチャー企業の経営において，反対者が生まれる理由は，主に利害
　　　　関係の対立や変化である。

なお，これは擁護者や支援者，支持者の場合と大きく異なる点である。擁護者や支援者でも，利害関係で生まれる場合が多いと思われるが，それだけでなく，ユーグレナで見られたが，起業家のアイディアやビジョンに賛同し，共感するという理由もある。また，地盤ネットで見られたのだが，起業家の人物に魅力を感じて，エンジェル（支援者）になる場合もあるからである。

6.2　反対者の存在とベンチャー企業の業績との関係

ベンチャー企業の経営における反対者の存在とベンチャー企業の業績との関係は，反対者の種類によって異なる。これについて，前項との関連で説明したい。

まず，ベンチャー企業の業績に関係なく，家族・友人，起業仲間，競合企業，既存業界などに反対者が存在する。なぜならば，前述したように，これらの人物や組織には，ベンチャー企業を起業すること自体で利害関係が生じるからである。たとえば，家族等は起業することで収入が不安定になり，将来の経済的

6. 考察　　*177*

表 8-4　ベンチャー企業の業績との関係の有無と反対者の種類，主な論理

ベンチャー企業の業績 との関係の有無	反対者の種類	主な論理
ベンチャー企業の業績に 関係ない反対者の種類	家族・友人，起業仲間，競合企業， 既存業界	起業による利害関係の対立
ベンチャー企業の業績に 関係ある反対者の種類	詐欺師，経営チームや部下，VC など出資者	業績悪化による利害関係の変化

出所：筆者作成。

な不安が生まれ，起業仲間には組織の上下関係が生まれることで利害が変化し，また，起業することで業界内に新たに顧客の奪い合いが生まれる。よって，すべての起業家はこれらの種類の反対者に注意しなければならないが，本章で得られた対応の仕方は参考になるであろう。

　一方，ベンチャー企業の業績が悪い場合には，詐欺師，経営チームや部下，VC などの出資者などに反対者が生まれる。なぜなら，前述したように，これらはベンチャー企業の業績の悪化によって，はじめて利害関係の対立が生まれるからである。たとえば，経営チームや部下は，業績の良いときはベンチャー企業から利益を得ている関係だが，業績が悪化することで利益が損なわれるからである。また，業績が悪化することで，詐欺師にとってつけ入るすきを与えるという経済的メリットが生まれるからである。

　以上のように，本章で得られた数多くの事例の事実から，ベンチャー企業の業績に関係ない種類の反対者と業績に関係ある種類の反対者の分類し，これらの論理について，明確に説明することができた。よって，これらは命題 5 と 6 として，以下のように提示でき，表 8-4 のようにまとめられる。

命題 5：ベンチャー企業の業績に関係ない反対者の種類は，家族・友人，起業
　　　　仲間，競合企業，既存業界であり，これらの主な論理は起業に伴う利
　　　　害関係の対立である。

命題 6：ベンチャー企業の業績の悪化に関係ある反対者の種類は，詐欺師，経
　　　　営チームや部下，VC などの出資者であり，これらの主な論理は業績
　　　　悪化に伴う利害関係の変化である。

178 第 8 章　ベンチャー企業における反対者のマネジメント

6.3　既存業界の反対や妨害について

既存業界の古い利権構造や慣習を打破するベンチャー企業は，既存業界からの様々な反対や妨害を受けていることが明らかになった。地盤ネットやデジタルメディアプロフェッショナルでは，既存競合企業による悪い噂やネガティブキャンペーンを受け，ビューティガレージでは，広告の掲載や展示会への出展，さらにメーカーによる修理や部品供給さえも断られていた。

これらの反対行動や妨害は，ベンチャー企業の経営にとって非常に大きな障害であり，今後，何らかの対策や理論の構築が望まれる。

6.4　反対者の研究を行う意義とインプリケーション

ベンチャー経営において反対者に着目して研究する意義は，本章で提示したように，起業家や VC などのベンチャー関係者がベンチャー企業を経営するうえで直面するであろう反対人物や反対行動について事前に想定することができ，かつ対応の仕方について学ぶことができることである。これらについて深い知識や論理があれば，起業時の事業計画作成の際にもその対応のシナリオを用意することができる。また，経営している際にも反対者の出現を事前に想定して対処の仕方を検討しておくことで，より良いベンチャーマネジメントを実行できるようになり，ベンチャーの成功確率を高めることができよう。

アカデミックな視点では，従来経営学のイノベーション・マネジメントの分野で若干行われてきたに過ぎない反対者に関する研究や議論を，ベンチャー経営論の分野に適応することで，その議論を活発にすることができることである。これにより，今後ベンチャー経営論で反対者に関する研究が推進されよう。

7.　結論

本章では，ベンチャー企業の経営における反対者に着目して，最近マザーズ市場に上場した 12 社のベンチャー企業の創業社長らへのインタビューを用いた，探索的な調査分析を行った。その結果，反対者は，家族・友人，起業仲間，詐欺師，経営チームと部下，VC などの出資者，競合企業，顧客，既存業界，

と多様に存在し，それぞれに対して，その事実，存在理由，経営への影響および対応について具体的に明らかにし，6つの命題を提示した。

　提示した3つのリサーチクエスチョンの分析結果として，① 反対者はベンチャー企業を中止まで追い込むかどうかは，厳密には不明だが，経営チームと部下，およびVCは大きな影響があった。また，② 経営チームや部下の反対行動は，社長を反省させて，会社の経営や組織を改善させるというプラスの効果があった。③ 支援者や擁護者が反対者になり，またはその逆のことは，家族・友人，起業仲間，経営チームや部下，VC，取引先で見られた。

　さらに，反対者が生まれる理由として，すべての事例において利害関係の対立や変化が見られた。特に，反対者はベンチャー企業の業績に関連して発生する種類と業績に関係なく発生する種類があった。そして，本章で行った反対者に着目して議論する意義が確認された。

結章
本書の総括，研究方法，まとめ

　この最終章では，本書の内容の総括，研究方法，およびまとめの3点について述べたい。

1．本書の内容の総括

　本書の内容について，以下に総括する。

　序章では，本書の背景と問題意識から，本書がイノベーション・マネジメントとマーケティング戦略の両方の領域を取り上げることを説明して，全社戦略・事業戦略，新製品開発，消費者行動，新規事業開発およびベンチャー企業のマネジメントの内容から構成されることを，フレームワークを用いて提示した。特に，ITやスマートフォンの普及から，これらの両方の領域を統合して扱うことの必要性を説いた。

　第1章では，垂直立ち上げ戦略という新しい全社戦略・事業戦略について取り上げた。日経225社に郵送アンケート調査を行い，その認知度，重要度，および実践度の回答結果について説明を行った。回答企業の82％の企業が，垂直立ち上げ戦略を，よく知っているか，またはある程度知っていると回答していて，非常に高い認知度であった。また，64％の企業が，自社にとって垂直立ち上げ戦略が，重要またはある程度重要と考えていた。さらに，36％の企業が，垂直立ち上げ戦略を，実践している，または一部で実践していた。

　以上から，主要な日本企業において，垂直立ち上げ戦略の導入がかなり進んでいると考えられる。特に，経営戦略面でもマーケティング面でもまた生産面

でもグローバルな視点で垂直立ち上げ戦略を実践している企業のコメントが多かった。これは，垂直立ち上げ戦略が，世界的に展開されている証拠である。

よって，垂直立ち上げ戦略が日本の主要企業で十分に認知されていること，ほとんどの企業で自社の戦略上，重要と考えられていること，そして，多くの企業でその戦略が実践されていることが明らかになった。

この章の調査は，2013年秋に行ったものであるが，この垂直立ち上げ戦略の重要性は，現在さらに増していると考えられる。現在のほとんどの新製品にIT技術やデジタル化が用いられ摸倣されやすくなり，マーケティング戦略に今まで以上にスピードが求められているからである。

ただし，垂直立ち上げ戦略を取り入れて実践するためには，企業に体力が要求される。昨今の日本企業にとっては，厳しい状況にあるといえよう。大規模な調査が，望まれる。

第2章では，第1章で取り上げた垂直立ち上げ戦略を実践している企業のうち，特徴的なマネジメントを行っている先端事例として，アイリスオーヤマの事例を調査分析して，そのマネジメントと成功要因を明らかにした。

このマネジメントは，① 垂直立ち上げ戦略の実行の対象商品は，ソリューション型やコンセプト型と徹底する，② すべての商品化や事業化の事項を，毎週の商品開発会議でトップが提案を基に決定し，③ 部門内外の並行業務で，迅速に開発を行う，④ さらに営業部隊と連携した早期からの事前商談で，実際の売上げ見込みと導入店舗数を積み上げていく，そして，⑤ 集中的なTVCMを行うことで，新商品のコンセプトを消費者に啓蒙し，⑥ 店舗での多様な販促活動で購入に結び付け，⑦ それを支える生産や物流の独自のマネジメントにより，この戦略の効果の最大化を図るというものであった。

そして，成功要因は，これらの個々のマネジメントは勿論のこと，それだけではなく，これらが相互に連動して全社的に1つのシステム（経営戦略）となっていることであった。

この章で提示したアイリスオーヤマによる垂直立上げ戦略は，ニッチャーとしてのポジションを上手く生かした特徴を有している事例である。このように垂直立ち上げ戦略を自社の独自のマネジメントと融合させていると，他社は簡

単には摸倣できないであろう。他の企業でも，特徴的な垂直立ち上げ戦略のマネジメントを行っている事例があると考えられる。

一方，国際的な視点に立つと，アップルなどの米国大企業は，この戦略を積極的に実践している。アップルはリーダー戦略として，新製品の魅力的な機能とデザイン，そしてコンテンツと垂直統合した優れたビジネスモデルにより，垂直立ち上げ戦略を実践している。いずれにせよ，小さく始めるリーンスタートアップと対照的な，この戦略のさらなる研究が求められる。

第3章では，新製品開発を取り上げた。特に，イノベーション・エコシステムの概念を用いて，企業が新製品を開発し，顧客に供給する際の外部企業とのマネジメントについて，日本企業の事例としてパイオニアのカーナビゲーションシステムの事例を調査分析した。

分析結果から，イノベーション・エコシステムを製品開発と製品供給とに分類した場合，パイオニアは製品開発という自社に近い要素については確実かつ特徴的にマネジメントできているが，製品供給の面では，計画と実際との相違や仲介者との意識差という問題が存在しているということが明らかになった。

また，イノベーションの成功可能性を高めるための，イノベーション・エコシステムのマネジメントに関する3つの条件を提示した。そして，分析に用いたAdner（2012）の分析枠組みをイノベーション・エコシステムのマネジメントに用いることの有効性が明らかになった。

このようなエコシステム・マネジメントの研究は，オープン・イノベーションを対象にした研究といえよう。この点で，これらの両方の研究をより統合していくことが，今後の研究の方向性といえる。今日の複雑化・高度化した新製品の開発では，これらの研究が重要である。

また，この章で用いた分析枠組みを利用することで，主体となる企業は重要な部品やコンテンツを持つ外部パートナーとの関係を再考することができる。実際，今後の自動運転技術の発展のために，この事例にある地図データを有する関係企業の戦略的な価値が大きく高まってきている。

第4章では，最近のインターネット販売の普及により重要性の増しているオ

ムニチャネルでの消費者行動について，企業へのインタビュー調査とインターネット・マーケティング・リサーチによる消費者へのアンケート調査を行った。そして，都市部と地方（東北）の比較分析を行った。

分析結果として，東北では店舗や交通などオフラインの環境的な問題によりオムニチャネル戦略は，あまり効果を発揮できていないが，消費者行動プロセスは，すでに同戦略が効果を得ているといわれる都市部とおおよそ同じであった。また，都市部よりもネットに依存した購買行動をとる割合が高く，とりわけ洋服とブランド品にその傾向が強く見られた。

さらに，一部の商品分野でオムニチャネルの特徴的な消費者行動であるショールーミングが都市部で行われ，東北では行われていないなど，いくつかの地域差が明らかになった。

よって，都市部の本社のトップダウンで全国同一に行うだけではなく，地方の特質を考慮したローカライズを行い，地方の店舗の現場を積極的に取り込んでいく必要がある。

さて，この Web 調査は，2015 年に実施したものである。この時はまだオムニチャネルという用語ができて間もなく，データ分析を行った論文は皆無であった。その後，急速にオムニチャネル戦略は企業で取り入れられ広く普及し，この分野の研究は盛んに行われるようになった。しかし，この章の内容は，現在においても企業にとって有効な示唆を豊富に含むものと考えられる。特に，最新のデータの分析結果と比較することで，興味深い知見を得られるだろう。

第 5 章では，企業が新規事業開発にどのような方向からアプローチし，どのようにその新規事業を成長させていけばよいのか，という戦略的な問いに回答を提供し，汎用性や応用性の高い理論モデルを構築した。これは，ポーターの 5 つの競争戦略の理論を基にしたものである。そして，その理論モデルの説明を行い，さらに関連する先行理論モデルや先行理論との関係において若干の考察を行った。その結果，構築した理論モデルの有効性や汎用性を示すことができた。

今後は，本章で構築した理論モデルを実際の様々な新規事業開発やベン

184 結章　本書の総括，研究方法，まとめ

チャー企業経営の事例分析と定量分析によって検証し，考察を深めていきたい。そして，このフレームワークを実務家のツールとして普及させていきたい。

　第6章では，第5章で理論的な議論を行った企業内の新規事業開発の実際として，大企業内の新規事業開発を継続・成功させるための新しい論理としての組織間のお墨付きに焦点を当てて，キヤノンとマルコメの2社の6つの事例を調査分析した。

　この分析結果により，この組織間のお墨付きの論理の多数の存在とその論理が詳細に示された。また，この論理により一度社内で正当化を得たプロジェクトに共通する特徴は，コア技術のレベルの高さ，母体企業のブランドの信頼性，積極的なチャンピオンの存在であった。

　さらに，これらのプロジェクトのうち成功するものは，プロジェクトの前進・発展の過程で繰り返す必要のある複数の正当性獲得に成功しており，かつ技術的な知識と商業的な知識の両方を組織間活動から十分に学習していた。一方，失敗したプロジェクトは，これらで失敗していた。特に商業的な知識を組織間活動から学習できていなかった。

　ところで，この章の内容は，*Industrial Marketing Management*[1]に掲載された論文に基づいている。この50年近くの歴史を持つトップジャーナルに日本人研究者として初めて単著論文として掲載され，Target Article（目標論文）に選ばれた。これは，筆者の長年の研究テーマの成果であり，伊藤（2013）をさらに，発展させたものである。今後は，この論理の適応事例をさらに探求するとともに，実務家への普及を図りたい。

　第7章では，第6章で見出した創発的戦略に基づく新規事業開発において重要な人物であるチャンピオンについて，さらに詳しく探求した。つまり，企業の新規事業開発において，その継続・成功，または，中止・失敗に大きな影響を与える重要な役割を持つチャンピオンとアンタゴニストについて調査分析を

　1）　この学術雑誌は，アジアの経営大学院の国際認証と教員の評価で最も用いられているABDC
　　　（Australian Business Deans Council）ジャーナルリストで最高位A★に評価されている。

行った。具体的には，態度や行動を大きく変化させるチャンピオンやアンタゴニストが存在するという仮説を提示し，新規事業の3つの事例のケーススタディを通じて，このような行動をとる4人の人物の存在を提示した。

これらの人物の態度変化の理由は，① プロジェクトに関する環境変化，② プロジェクトの活動の変化，③ 別のチャンピオンやアンタゴニストによるチャンピオンやアンタゴニストのプロジェクトへの説得や認識促進であった。

これらにより，チャンピオンやアンタゴニストの利益や不利益が変化するか，その可能性が生じることにより，チャンピオンはアンタゴニストへ，アンタゴニストはチャンピオンへと，態度や行動を大きく変化させていた。さらに，本章では，この論理モデルを提示し，4つの命題を提示した。

いずれの場合にもこれらの人物の影響は新規事業を中断させるほど非常に大きかった。これらの場合には別のチャンピオンの働きにより，中断の危機を回避していた。

この章の鍵概念であるチャンピオンに関する研究は，海外では非常に多いのに対して，国内では数少ない。しかし，その重要性を考慮すると，日本企業の文脈でのこの研究が必要であると考えられる。さらに，ここで提示したアンタゴニストについては世界的に研究がとても少ないので，さらなる探求が求められる。たとえば，最新のソーシャルネットワーク環境が，チャンピオンとアンタゴニストの行動に，どのように影響を与えるかといった興味深い疑問が生まれる。

第8章では，企業内の新規事業開発とともに，イノベーションの大きな担い手であるベンチャー企業を対象にして，第7章で提示したアンタゴニストの概念を援用した。つまり，ベンチャー企業の経営において反対の態度や行動を行う人物に着目して，最近マザーズ市場に上場したベンチャー企業12社の創業社長らへのインタビューを用いた，探索的な調査分析を行った。

分析の結果，反対者は，家族・友人，起業仲間，詐欺師，経営チームと部下，VCなどの出資者，競合企業，顧客，既存業界に存在し，これらに関する6つの命題を提示した。

また，提示したリサーチクエスチョンの分析結果は，次の通りであった。

186　結章　本書の総括，研究方法，まとめ

　(1)　反対者はベンチャー企業を中止まで追い込むかどうかは，厳密には不明
だが，経営チームと部下，およびVCは大きな影響があった。
　(2)　経営チームや部下の反対行動は，社長を反省させて，会社の経営や組織
を改善させるというプラスの効果があった。
　(3)　支援者や擁護者が反対者になり，またはその逆のことは，家族・友人，
起業仲間，経営チームや部下，VC，取引先で見られた。
　さらに，反対者が生まれる理由として，すべての事例において利害関係の対
立や変化が見られた。特に，反対者はベンチャー企業の業績に関連して発生す
る種類と，業績に関係なく発生する種類の両方があった。
　以上のように，実際にベンチャー企業の創業者にインタビューを行うと，そ
の内情は興味深いことが多い。しかし，ベンチャー企業の内部のマネジメント
に関する研究は，国内で多くない。
　今後の研究としては，ベンチャー企業の経営者や社員の内省的な側面を含め
た研究が興味深い。また，ここで取り上げたアンタゴニストの概念のさらなる
探求も面白い。

2.　研究方法について

　ここでは，本書で用いた研究方法について若干の議論を行いたい。本書で用
いた研究方法は，第1章と第4章はアンケート調査，第5章は理論的方法，そ
してこれら以外の第2章，第3章，第6章，第7章，第8章は，インタビュー
調査を中心に用いた事例研究である。
　アンケート調査は，経営学とマーケティングで最も用いられる調査方法であ
る。第1章では，パイロット調査として小規模な郵送アンケート調査を用い，
第4章では，本格的なWeb調査を用いた。ただし，これらの調査分析では，高
度な統計分析を用いていない。第4章の内容は，学部学生との共同研究に基づ
くからである。しかし，どちらもとても興味深い結果が得られた。大事なこと
は，だれにでも理解しやすいシンプルな論理を用いて，分析結果を提示するこ
とであると考えている。

理論的方法は，第5章で用いた。既存の理論を基にして，演繹的に理論を発展させることは，重要な方法である。筆者は現在，新しい経営学の理論を提案して，経済学の理論を用いて定式化を試みている。

定性的な事例研究は，本書で最も多く用いた方法である。このうち，第2章と第3章では単一事例研究法を用い，第6章，第7章，第8章では複数事例研究法を用いた。また，論理構造としては，最初に理論や分析枠組みを提示して，これを用いて調査分析するタイプが第2章，第3章，第6章であり，一方，探索的に事例の調査分析を行い，その結果から新たな命題を導き出すタイプが第7章と第8章である。

事例研究は，懐が深い。大学生でも気軽に？行うことができる。一方，世界のトップジャーナルに掲載される事例研究を用いた論文では，高い理論的独自性を有することは勿論のこと，方法に十分な妥当性があり，データ量も多い。

従来からマーケティング分野と経営学分野では，データを統計分析する研究方法が多く用いられてきた。しかし，本書の内容のほとんどが，2つの国際ジャーナルを含む学術雑誌の査読付き論文に基づいており，事例研究が確実に通用することを示している。実際に，経営学のジャーナルでは定性的な研究方法を用いた論文の掲載数が増加している。たとえば，*Administrative Science Quarterly* の最新号（2018年12月号）に掲載された論文7編のうち3編が事例研究などの定性的研究，1編が定性的と定量的な方法の組み合わせであった。この動向は，経営学の研究が統計分析手法に偏重しすぎていることの反省から，事例研究の重要性が見直されたからだと考えられる。私見だが，日本の研究者は，もっと事例研究の成果を世界に発信したほうがよいと思う。

最後に，本書の第3章と第4章の内容は，山形大学人文学部での筆者のゼミに所属した大学生との共同研究の成果に基づいている。これらのように，大学生との共同研究であっても，査読付きの学術雑誌に研究教育の成果を発表することができる。

3. まとめ

　本書では，従来別々の研究者により研究が行われ，別々の専門分野として扱われていたイノベーション・マネジメントとマーケティング戦略を，統合して扱うことを試みた。このために，本書では，筆者の両方の分野にまたがる研究成果を詳しく紹介した。これにより，従来分断されて距離感のあったこれらの両方の専門知識を，序章で提示したフレームワーク（図序–1）に基づき，1つにまとめることができた。

　具体的には，マーケティング戦略に属する第1章，第2章，第3章，第4章と，イノベーション・マネジメントに属する第3章（両分野の重複），第5章，第6章，第7章，第8章である。これにより，全社戦略・事業戦略から新製品開発，消費者行動，新規事業開発，さらにベンチャー企業のマネジメントまで広範囲の事象と対象を含むことができた。さらに，事業戦略においても従来の理論ではなく新しい垂直立ち上げという戦略概念を提示し，消費者行動においてもオムニチャネルという最新かつ重要な対象の詳細を明らかにした。

　これらにより，それぞれの分野を研究する研究者や学んでいる学生にとって，2つの分野が統合された新たな理解が得られたと考える。このことこそ，本書の狙いであり，意義である。

　現在のビジネスと製品のデジタル化やスマートフォンの普及により，イノベーション・マネジメントとマーケティング戦略の2つの領域の垣根はますます低くなり，さらに融合や統合の方向に向かっているといえよう。そのような新しい研究が，今後さらに盛んになり，その成果により実務家に大きく貢献できることを期待したい。

参考文献

【欧文】

Abetti, P. A. (1997), "The birth and growth of Toshiba's laptop and notebook computers: A case study in Japanese corporate venturing," *Journal of Business Venturing*, 12(6): 507-529.

Adner, R. (2006), "Match your innovation strategy to your innovation ecosystem," *Harvard Business Review*, 84(4): 98-107. (山本冬彦訳 (2006)「『コラボレーションのリスク』を読み解くイノベーション・エコシステム」『DIAMOND ハーバード・ビジネス・レビュー』31(8): 72-85。)

Adner, R. (2012), *The wide lens: What successful innovations see that others miss*, NewYork, NY: Penguin Group (USA). (清水勝彦監訳 (2013)『ワイドレンズ』東洋経済新報社。)

Adner, R. and Kapoor, R. (2010), "Value creation in innovation ecosystems: How the structure of technological interdependence affects firm performance in new technology generations," *Strategic Management Journal*, 31(3): 306-333.

Aldrich, H. E. and Fiol, C. M. (1994), "Fools rush in? The institutional context of industry creation," *Academy of Management Review*, 19(4): 645-670.

Ansoff, H. I. (1965), *Corporate strategy*, New York, NY: McGraw-Hill. (広田寿亮訳 (1969)『企業戦略論』産能大学出版部。)

Badir, Y. F. and O'Connor, G. C. (2015), "The formation of tie strength in a strategic alliance's first new product development project: The influence of product and partners' characteristics," *Journal of Product Innovation Management*, 32(1): 154-169.

Baum, J. A. C. and Oliver, C. (1991), "Institutional linkages and organizational mortality," *Administrative Science Quarterly*, 36(2): 187-218.

Baum, J. A. C. and Oliver, C. (1992), "Institutional embeddedness and the dynamics of organizational populations," *American Sociological Review*, 57(4): 540-559.

Baumann-Pauly, D., Scherer, A. G. and Palazzo, G. (2016), "Managing institutional complexity: A longitudinal study of legitimacy strategies at a sportswear brand company," *Journal of Business Ethics*, 137(1): 31-51.

Bell, D. R., Gallino, S. and Moreno, A. (2014), "How to win in an omnichannel world," *MIT Sloan Management Review*, 56(1): 45-53.

Benjamin, B. A. and Podolny, J. M. (1999), "Status, quality, and social order in the California wine industry," *Administrative Science Quarterly*, 44(3): 563-589.

Bitektine, A. (2011), "Toward a theory of social judgments of organizations: The case of legitimacy, reputation, and status," *Academy of Management Review*, 36(1): 151-179.

Block, Z. and MacMillan, I. C. (1993), *Corporate venturing: Creating new businesses within the firm*, Boston, MA: Harvard Business School Press.

Brandenbuger, A. M. and Nalebuff, B. J. (1996), *Co-opetition*, New York, NY: Currency Doubleday. (嶋津祐一・東田啓作訳 (1997)『コーペティション経営―ゲーム論がビジネスを変える―』日本経済新聞社。)

Bunduchi, R. (2017), "Legitimacy seeking mechanisms in product innovation: A qualitative study," *Journal of Product Innovation Management*, 34(3): 315-342.

Burgelman, R. A. (1983), "A process model of internal corporate venturing in a diversified major firm," *Administrative Science Quarterly*, 28(2): 223–244.

Burgelman, R. A. (1984), "Designs for corporate entrepreneurship in established Firms," *California Management Review*, 26(3): 154–166.

Burgelman, R. A. and Sayles, L. R. (1985), *Inside corporate innovation: Strategy, structure, and managerial skill*, New York, NY: Free Press.

Burt, R. S. (1987), "Social contagion and innovation: Cohesion versus structural equivalence," *American Journal of Sociology*, 92(6): 1287–1335.

Chakrabarti, A. K. (1974), "The role of champion in product innovation," *California Management Review*, 17(2): 58–62.

Chakrabarti, A. K. and Hauschildt, J. (1989), "The division of labor in innovation management," *R&D Management*, 19(2): 161–172.

Chandler, D., Haunschild, P. R., Rhee, M. and Beckman, C. M. (2013), "The effects of firm reputation and status on interorganizational network structure," *Strategic Organization*, 11(3): 217–244.

Chesbrough, H. (2003), *Open innovation: The new imperative for creating and profitting from technology*, Boston, MA: Harvard Business School Press. (大前恵一朗訳 (2004)『OPEN INNOVATION —ハーバード流イノベーション戦略のすべて—』産能大学出版部。)

Chesbrough, H., Vanhaverbeke, W. and West, J. (2006), *Open innovation: Researching a new paradigm*, Oxford: Oxford University Press. (長尾高弘訳 (2008)『オープンイノベーション—組織を超えたネットワークが成長を加速する—』英治出版。)

Conroy, K. M. and Collings, D. G. (2016), "The legitimacy of subsidiary issue selling: Balancing positive and negative attention from corporate headquarters," *Journal of World Business*, 51(4): 612–627.

Day, D. L. (1994), "Raising radicals: Different processes for championing innovative corporate ventures," *Organization Science*, 5(2): 148–172.

Degeratu, A. M., Rangaswamy, A. and Wu, J. (2000), "Consumer choice behavior in online and traditional supermarkets: The effects of brand name, price, and other search attributes," *International Journal of Research in Marketing*, 17(1): 55–78.

Delmar, F. and Shane, S. (2004), "Legitimating first: Organizing activities and the survival of new ventures," *Journal of Business Venturing*, 19(3): 385–410.

Dougherty, D. and Hardy, C. (1996), "Sustained product innovation in large, mature organizations: Overcoming innovation-to-organization problems," *Academy of Management Journal*, 39(5): 1120–1153.

Dougherty, D. and Heller, T. (1994), "The illegitimacy of successful product innovation in established firms," *Organization Science*, 5(2): 200–218.

Eisenhardt, K. M. (1989), "Building theories from case study research," *Academy of Management Review*, 14(4): 532–550.

Fast, N. D. (1979), "The future of industrial new venture departments," *Industrial Marketing Management*, 8(4): 264–273.

Fast, N. D. (1981), "Pitfalls of corporate venturing," *Research Management*, 24(2): 21–24.

Fernelius, W. C. and Waldo, W. H. (1980), "Role of basic research in industrial innovation," *Research Management*, 23(4): 36–40.

Fischer, W. A., Hamilton, W., Mclaughlin, C. P. and Zmud, R. W. (1986), "The elusive product champion," *Research Management*, 29(3): 13–16.

Fisher, G., Kuratko, D. F., Bloodgood, J. M. and Hornsby, J. S. (2017), "Legitimate to whom? The challenge of audience diversity and new venture illegitimacy," *Journal of Business Venturing*, 32(1): 52-71.

Glaser, B. G. and Strauss, A. L. (1967), *The discovery of grounded theory: Strategies for qualitative research*, Chicago, IL: Aldine.

Goldman, S. L., Roger, N. N. and Preiss, K. (1995), *Agile competitors and virtual organizations: Strategies for enriching the customer*, New York, NY: Van Nostrand Reinhold.

Goode, W. J. (1978), *The celebration of heroes: Prestige as a social control system*, Berkeley, CA: University of California Press.

Greene, P. G., Brush, C. G. and Hart, M. M. (1999), "The corporate venture champion: A resource-based approach to role and process," *Entrepreneurship Theory and Practice*, 23(3): 103-122.

Hooge, S. and Dalmasso, C. (2016), "Breakthrough R&D stakeholders: The challenges of legitimacy in highly uncertain projects," *Project Management Journal*, 46(6): 54-73.

Howell, J. M. and Higgins, C. A. (1990), "Champions of technological innovation," *Administrative Science Quarterly*, 35(2): 317-341.

Iansiti, M. and Levien, R. (2004), *The keystone advantage: What the new dynamics of business ecosystems mean for strategy, innovation, and sustainability*, Boston, MA: Harvard Business School Press. (杉本幸太郎訳 (2007)『キーストーン戦略』翔泳社。)

Jensen, M. (2003), "The role of network resources in market entry: Commercial banks' entry into investment banking, 1991-1997," *Administrative Science Quarterly*, 48(3): 466-497.

Johnson, G., Langley, A., Melin, L. and Whittington, R. (2012), *Strategy as practice: Research directions and resources,* Cambridge: Cambridge University Press. (高橋正泰監訳 (2012)『実践としての戦略』文眞堂。)

Kannan-Narasimhan, R. (2014), "Organizational ingenuity in nascent innovations: Gaining resources and legitimacy through unconventional actions," *Organization Studies,* 35(4): 483-509.

Kanter, R. M. (1983), *The change masters: Innovation for productivity in the American corporation,* New York, NY: Simon & Schuster.

Kotler, P. and Keller, K. L. (2006), *Marketing management*, Twelfth edition, Upper Saddle River, NJ: Pearson Prentice Hall. (恩藏直人監修, 月谷真紀子訳 (2008)『コトラー＆ケラーのマーケティング・マネジメント (第12版)』ピアソンエデュケーションジャパン。)

Larson, A. (1991), "Partner network: Leveraging external ties to improve entrepreneurial performance," *Journal of Business Venturing*, 6(3): 173-188.

Larson, A. (1992), "Network dyads in entrepreneurial settings: A study of the governance of exchange relationships," *Administrative Science Quarterly*, 37(1): 76-104.

Latour, B. (1987), *Science in action*, Cambridge, MA: Harvard University Press.

Leifer, R., McDermott, C. M., O'Connor, G. C., Peters, L. S., Rice, M. P. and Veryzer, R. W. (2000), *Radical innovation: How mature companies can outsmart upstarts*, Boston, MA: Harvard Business School Press.

Levitt, T. (1966), "Innovative imitation," *Harvard Business Review*, 44(5): 63-70.

Lieberman, M. B. and Montgomery, D. B. (1988), "First-mover advantage," *Strategic Management Journal,* 9 (Special Issue 1): 41-58.

Lieberman, M. B. and Monrgomery, D. B. (1998), "First-mover (dis) advantage: Retrospective and link with the resource-based view," *Strategic Management Journal*, 19(12): 1111-1125.

Maidique, M. A. (1980), "Entrepreneurs, champions, and technological innovations," *Sloan*

Management Review, 21(2): 59–76.

Markham, S. K. (1998), "A longitudinal examination of how champions influence others to support their projects," *Journal of Product Innovation Management*, 15(6): 490–504.

Markham, S. K. (2000), "Corporate championing and antagonism as forms of political behavior: An R&D perspective," *Organization Science*, 11(4): 429–447.

Markham, S. K. and Aiman-Smith, L. (2001), "Product champions: truths, myths and management," *Research-Technology Management*, 44(3): 44–50.

Markham, S. K., Green, S. G. and Basu, R. (1991), "Champions and antagonists: Relationships with R&D project characteristics and management," *Journal of Engineering and Technology Management*, 8(3-4): 217–242.

McGregor, J. D., Monteith, J. Y. and Zhang, J. (2012), "Technical debt aggregation in ecosystems," *Proceedings of the third international workshop on Managing Technical Debt* (MTD): 27–30.

McInerney, F. (2007), *Panasonic: The largest corporate restructuring in history*, New York, NY: Truman Talley Books.

McMullen, J. S. and Shepherd, D. A. (2006), "Entrepreneurial action and the role of uncertainty in the theory of the entrepreneur," *Academy of Management Review*, 31(1): 132–152.

Merton, R. K. (1973), "The Matthew effect in science," in N. W. Storer (Ed.), *The sociology of science* (439–459), Chicago, IL: University of Chicago Press.

Milanov, H. and Shepherd, D. A. (2013), "The importance of the first relationship: The ongoing influence of initial network on future status," *Strategic Management Journal*, 34(6): 727–750.

Mintzberg, H. and Waters, J. A. (1985), "Of strategies, deliberate and emergent," *Strategic Management Journal*, 6(3): 257–272.

Moore, J. F. (1996), *The death of competition: Leadership and strategy in the age of business ecosystems*, New York, NY: Harper Collins Publishers.

Nonaka, I. (1988), "Toward middle-up-down management: Accelerating information creation," *Sloan Management Review*, 29(3): 9–18.

Pahnke, E. C., Katila, R. and Eisenhardt, K. M. (2015), "Who takes you to the dance? How partners' institutional logics influence innovation in young firms," *Administrative Science Quarterly*, 60(4): 596–633.

Pettigrew, A. M. (1990), "Longitudinal field research on change: Theory and practice," *Organization Science*, 1(3): 267–292.

Pinchot, G. (1985), *Intrapreneuring*, San Francisco, CA: Harper&Row. (清水紀彦訳 (1985)『社内企業家』講談社。)

Podolny, J. M. (1993), "A status-based model of market competition," *American Journal of Sociology*, 98(4): 829–872.

Podolny, J. M. (1994), "Market uncertainty and the social character of economic exchange," *Administrative Science Quarterly*, 39(3): 458–483.

Podolny, J. M. and Stuart, T. E. (1995), "A role-based ecology of technological change," *American Journal of Sociology*, 100(5): 1224–1260.

Porter, M. E. (1980), *Competitive srategy*, New York, NY: Free Press. (土岐坤・中辻萬治・服部照夫訳 (1982)『競争の戦略』ダイヤモンド社。)

Quinn, J. (1986), "Innovation and corporate strategy," in M. Horwitch (Ed.), *Technology in the modern corporation: A strategy perspective*, New York, NY: Pergamon Press.

Rao, H. (1994), "The social construction of reputation: Certification contests, legitimization, and the survival of organizations in the American automobile industry: 1895-1912," *Strategic Management Journal,* 15 (Special Issue 1): 29-44.

Rigby, D. K. (2011), "The Future of shopping," *Harvard Business Review,* 89(12): 3-13.

Roberts, E. B. and Berry, C. A. (1985), "Entering new business: Selecting strategies for success," *Sloan Management Review,* 27 (Spring): 3-17.

Roure, L. (2001), "Product champion characteristics in France and Germany," *Human Relations,* 54 (5): 663-682.

Sammon, W. L. (1986), "Assessing the competition: Business intelligence for strategic management," in J. R. Gardner, R. Rachlin and H. W. A. Sweeny eds., *Handbook of strategic planning,* New York, NY: John Wiley & Sons. (土岐坤・中辻萬治・小野寺武夫・伊藤泰敬訳 (1988)『戦略計画ハンドブック』ダイヤモンド社。)

Schon, D. A. (1963), "Champions for radical new inventions," *Harvard Business Review,* 41(2): 77-86.

Shane, S. (1994a), "Are champions different from non-champions?," *Journal of Business Venturing,* 9 (5): 397-421.

Shane, S. (1994b), "Championing innovation in the global corporation," *Research Technology Management,* 37(4): 29-35.

Sharma, P. and Chrisman, J. J. (1999), "Toward a reconciliation of the definitional issues in the field of corporate entrepreneurship," *Entrepreneurship Theory and Practice,* 23(3): 11-27.

Shenkar, O. (2010), *Copycats,* Watertown, MA: Harvard Business School Publishing Corporation. (井上達彦監訳・遠藤真美訳 (2013)『コピーキャット』東洋経済新報社。)

Shipilov, A. V., Li, S. X. and Greve, H. R. (2011), "The prince and the pauper: Search and brokerage in the initiation of status-heterophilous ties," *Organization Science,* 22(6): 1418-1434.

Smith, J. J., Mckeon, J. E., Hoy, K. L., Boysen, R. L., Shechter, L. and Roberts, E. B. (1984), "Lessons from 10 case studies in innovation," *Research Management,* 27(5): 23-27.

Souder, W. E. (1981), "Encouraging entrepreneurship in the large corporation," *Research Management,* 24(3): 18-22.

Stalk, G. Jr. and Hout, T. M. (1990), *Competing against time: How time-based competition is reshaping global markets,* New York, NY: Free Press.

Starr, J. A. and MacMillan, I. C. (1990), "Resource cooptation via social contracting: Resource acquisition strategies for new ventures," *Strategic Management Journal,* 11(Special Issue): 79-92.

Stuart, T. E. (1998), "Network positions and propensities to collaborate: An investigation of strategic alliance formation in a high-technology industry," *Administrative Science Quarterly,* 43(3): 668-698.

Stuart, T. E., Hoang, H. and Hybels, R. C. (1999), "Interorganizational endorsements and the performance of entrepreneurial ventures," *Administrative Science Quarterly,* 44(2): 315-349.

Takeishi, A., Aoshima, Y. A. and Karube, M. (2010), "Reasons for innovation: Legitimizing resource mobilization for innovation in the cases of the Okochi Memorial Prize winners," in H. Itami, J. Kusunoki, T. Numagami and A. Takeishi (Eds.), *Dynamics of knowledge, corporate systems and innovation* (pp.165-189), Berlin and Heidelberg: Springer.

Vaara, E. and Whittington, R. (2012), "Strategy as practice: Taking social practice seriously," *Academy of Management Annals,* 6(1): 285-336.

Van de Ven, A. H., Angle, H. L. and Poole, M. S. (1989), *Research on the management of innovation,* New York, NY: Harper & Row.

Vollmer, C. and Precourt, G. (2008), *Always On: Advertising, marketing, and media in an era of con-*

sumer control, New York, NY: McGraw-Hill Professional.（ブーズ・アンドカンパニー訳（2011）
『マーケティング戦略の未来』日本経済新聞出版社。）

Yin, R. K. (1994), *Case study research: Design and methods* (2nd ed.), Newbury Park, CA: Sage Publications.

Zimmerman, M. A. and Zeitz, G. J. (2002), "Beyond survival: Achieving new venture growth by building legitimacy," *Academy of Management Review*, 27(3): 414-431.

【邦文】

麻倉怜士（1999）『ソニーの革命児たち』IDG コミュニケーションズ。

朝永久見雄（2013）『セブン＆アイ HLDGS．9 兆円企業の秘密』日本経済新聞出版社。

生田真人（1996）「消費者の買物行動と地域消費市場」『消費者行動研究』3(2)：1-15。

伊丹敬之・田中一弘・加藤俊彦・中野誠（2007）『松下電器の経営改革』有斐閣。

出井伸之（2006）『迷いと決断　ソニーと格闘した 10 年の記録』新潮新書。

伊藤嘉浩（2002）「社内新規事業開発の先行研究に関する一考察：オープンダイナミクスの視点から」『研究年報経済学』63(3)：155-175。

伊藤嘉浩（2013）『新規事業開発のマネジメント　社外からの著名効果の分析』白桃書房。

伊藤嘉浩（2015）「垂直立ち上げ戦略のマネジメント：パナソニックの事例」『山形大学紀要（社会科学編）』45(2)：51-73。

井上達彦・真木圭亮・永山晋（2011）「ビジネス・エコシステムにおけるニッチの行動とハブ企業の戦略―家庭用ゲーム業界における複眼的分析―」『組織科学』44(4)：67-82。

岩田昭男（2013）『O2O の衝撃』阪急コミュニケーションズ。

江端浩人・本荘修二（2009）『コカ・コーラパークが挑戦するエコシステム・マーケティング』ファーストプレス。

大賀典雄（2003）『SONY の旋律　私の履歴書』日本経済新聞社。

大薗恵美・谷地弘安・児玉充・野中郁次郎（2007）『イノベーションの実践理論』白桃書房。

大山健太郎（2001）『ホームソリューション・マネジメント』ダイヤモンド社。

大山健太郎（2010）『ピンチはビッグチャンス』ダイヤモンド社。

大山健太郎（2013）『ロングセラーが経営をダメにする』日経 BP 社。

大山健太郎・小川孔輔（1996）『メーカーベンダーのマーケティング戦略』ダイヤモンド社。

金森孝浩（2014）「O2O 環境におけるマーケティング戦略に関する考察」『日本経営システム学会誌』31(1)：71-76。

栗木契・余田拓郎・清水信年（2006）『売れる仕掛けはこうしてつくる』日本経済新聞出版社。

坂田利康（2014）「SNS マーケティング戦略―Facebook を使った価値共創による商品開発，総合的 O2O，ユーザー・アナリティクスの事例による一考察―」『高千穂論叢』49(3)：83-142。

榊原清則・大滝精一・沼上幹（1989）『事業創造のダイナミクス』白桃書房。

ジェイ広山（2014）「米国小売業界におけるオムニチャネル及び O2O 戦略の現況」『流通とシステム』1(159)：36-39。

柴田高（1994）「事業発展期の戦略―ハードウェア／ソフトウェアの共統合戦略―」寺本義也・藤波進・大友敬・柴田高・松永徹平『戦略を創る―事業戦略のグランドデザイン―』第 4 章，同文舘出版。

齋藤冨士郎（2007）「オープン・イノベーションは新パラダイムと言えるか？」『多摩大学研究紀要経営・情報研究』1(11)：47-61。

齋藤茂樹（2012）『イノベーション・エコシステムと新成長戦略』丸善出版。

椙山泰生・高尾義明・具承桓・久保亮一（2008）「ビジネス・エコシステム生成における中核的企業の役割：光ファイバ通信の事例」研究・技術計画学会年次学術大会講演要旨集23：297-300。

椙山泰生・高尾義明（2011）「エコシステムの境界とそのダイナミズム」『組織科学』45(1)：4-16。

総務省（2014）『平成26年版情報通信白書』日経印刷。

多田和市（2014）「セブン＆アイ，ネット広告を10倍超へオムニチャネル推進へ戦略転換」『日経デジタルマーケティング』2014年2月号，10-11。

立石奉則（2001）『ソニーと松下』講談社。

立石奉則（2005）「出井伸之会長「激震！ソニー」を語る」『週刊現代』3月26日号，28-32。

田村正紀（2006）『リサーチデザイン』白桃書房。

千葉昭彦（2013）「大型ショッピングセンターをめぐる消費者行動の検討—宮城県仙南地域での消費者アンケート調査報告の検討」『東北学院大学経済学論集』1(181)：25-41。

鶴蒔靖夫（1993）『アイリスオーヤマの革新と挑戦』IN通信社。

出口治明（2009）『直球勝負の会社』ダイヤモンド社。

中村勇介（2014a）「ジーユー，スマホアプリで"接客"売り場に応じた情報配信を開始」『日経デジタルマーケティング』2014年1月号，10-11。

中村勇介（2014b）「売上貢献200万円超の店員もいるアーバンリサーチのスマホアプリ」『日経デジタルマーケティング』2014年2月号，12-13。

西澤昭夫・忽那憲治・樋原伸彦・佐分利応貴・若林直樹・金井一頼（2012）『ハイテク産業を創る地域エコシステム』有斐閣。

日経トップリーダー（2012a）「アイリスオーヤマの「プレゼン会議」超スピード経営の全貌を初公開」『日経トップリーダー』1(339)：12-15。

日経トップリーダー（2012b）「アイリスオーヤマの会議は何がすごいのか？　研ぎ澄まされた4つの『速さ』」『日経トップリーダー』1(339)：16-17。

日経産業新聞（2013）『日経シェア調査2014』日本経済新聞出版社。

日本経済新聞社（2012）『日経業界地図2013年版—特装版—』日本経済新聞出版社。

延岡健太郎（2006）『MOT技術経営入門』日本経済新聞社。

原山優子・氏家豊・出川通（2009）『産業革新の源泉—ベンチャー企業が駆動するイノベーション・エコシステム—』白桃書房。

平野敦士カール・アンドレイハギウ（2010）『プラットフォーム戦略』東洋経済新報社。

福田佳也乃・三宅隆吾・有本建男（2008）「グローバル・イノベーション・エコシステムの構築に向けて」研究・技術計画学会年次学術大会講演要旨集23：462-465。

松浦由美子（2012）『O2O新消費革命』東洋経済新報社。

松浦由美子（2014）『O2O，ビッグデータでお客を呼び込め！』平凡社新書。

三田村蕗子（2012）『アイリスオーヤマ——目瞭然の経営術』東洋経済新報社。

山田幸三（2000）『新事業開発の戦略と組織』白桃書房。

山本強（2012）『地盤革命』あさ出版。

羅嬉頴（2011）「ビジネス・エコシステムの生成の多様性とダイナミズム」『イノベーション・マネジメント』1(9)：143-161。

索　引

人名・企業名

【アルファベット】

Adner, R.　45
ANA　10
Ansoff, H. I.　88
Brandenburger, A. M. and Nalebuff, B. J.　94
Burgelman, R. A.　91
Canon Audio　117
IBM　112, 135
Mintzberg, H. and Waters, J. A.　90
Porter, M. E.　93
Roberts, E. B. and Berry, C. A.　89

【ア行】

アイリスオーヤマ　18, 24, 28
旭化成　15
アルプス電気　11, 15
イーブックスイニシアティブジャパン　157, 164, 167, 168
出雲充　160
井出伸之　141
伊藤忠商事　10
インクリメントP　57
ウォーターダイレクト　158, 168
エニッシュ　155
大賀典雄　141
オークファン　157, 164, 165, 167, 170
大山健太郎　24
オルトプラス　156

【カ行】

キヤノン　107, 109, 111, 113, 115, 132, 135
久夛良木健　140
クライテリオンソフトウェア　109, 132
京王電鉄　10
コニカミノルタ　14

コマツ　14

【サ行】

地盤ネット　155, 164, 167, 169
ソニー　132, 140
ソニーコンピュータエンタテインメント　141

【タ行】

第一生命　10
高島屋　10
ディジタルメディアプロフェッショナル　159
出口治明　158
デジタルメディアプロフェッショナル　167, 169, 170
電気化学工業　11
東海カーボン　10
東芝　111, 115, 135
東レ　15
ドコモ　52, 64

【ナ行】

中村邦夫　5
日本IBM　112
日本製鋼所　11
日本製紙　11
任天堂　140
ネットスケープコミュニケーションズ　109
野村秀輝　159

【ハ行】

パイオニア　11, 40, 47
パナソニック　5, 18
日立建機　11
日立造船　11
ビューティガレージ　73, 159, 164, 170
富士電機　15

索　引　*197*

ベクトル　159
北越紀州製紙　15
ホンダ　11

三井金属　11
三菱自動車　11
メディアフラッグ　156, 166, 169

【マ行】

マイクロソフト　109, 133
マクロミル　73
松井証券　11
松下電器　18
マルコメ　107, 117
丸山茂雄　140

【ヤ行】

ヤマダ電機　73
ユーグレナ　160
洋服の青山　73

【ラ行】

ライフネット生命保険　158, 168

事　項

【数字・アルファベット】

3DCG　109, 132
AIDMA　74
AISAS　74
Antagonist　150
ARASL　75
AR HUD　49
ELTRAN　114
HDD　111, 135
O2O（Online to Offline）　72
R&D　102
　　——プロジェクト　103
RenderWare　109, 132
SAP 研究　19
SOI　113
TVCM　29
VC　160, 167
VICS　54
Web 調査　72

【ア行】

アダプションチェーン・リスク　45, 62
アンケート調査　9, 186
アンタゴニスト　125, 149
　　——からチャンピオンへの変化　146
イノベーション　1
　　——・エコシステム　40
インクジェットプリンター　115

インターネット・マーケティング　71
　　——・リサーチ　73, 74, 78
インタビュー調査　23, 45, 48, 73, 74, 107, 132,
　　153
インフォーマント　23, 49, 108, 132, 154
液晶カラーフィルター　115
エコシステム　40
エンジェル　149
エンドユーザー　45
オープン・イノベーション　40, 44
オムニショッパー　71
オムニチャネル　71
　　——戦略　71
　　——の消費者行動プロセス　73, 76
オンラインショップ　71

【カ行】

買い手　94
家族　163
　　——・友人　160
価値設計図　45, 49, 56, 62
価値相関図　94
家庭用ゲーム機　140
カロッツェリア　47, 59
キーストーン戦略　42
企画提案　30
起業仲間　160, 165
技術関連多角化　98
技術的知識　112

技術の評価　122
既存業界　160, 170
既存事業　87
基本特許　113
供給業者　94
競合企業　160, 169
競争業者　94
競争戦略　93
協調　95
共同開発　40
業務用味噌汁サーバー　117
キラーコンテンツ　57
経営戦略計画形成プロセス　90
経営チーム　149
　　——と部下　160, 166
計画的戦略　90
経済的地位の参照・利用　122
ケーススタディの方法　130
ケースレポート　107
原価提案　30
コア技術のレベルの高さ　122
購買行動　84
コ・イノベーション・リスク　45, 62
コーペティション戦略　44
顧客　160, 170
コンカレントエンジニアリング　21
コンセプト型の新商品　27

【サ行】

サード・パーティー　43
在庫リスク　27
サイバーナビ　40, 47
詐欺師　160, 165
サプライチェーン　47
サプライヤー　45
参加観察　107, 131
シーズ　99
事業構想　99
資源獲得　120
資源動員　102, 120
　　——の正当化　102
市場関連多角化　98
事前商談　33
実践としての戦略　19

質的研究方法　107
質的評価方法　104
社会制度論　103
社会的地位の参照・利用　122
社内企業家　128
出資者　160, 167
需要予測　33, 34
商業化知識　112
商業化に関する知識の学習　123
消費者　71
　　——行動　71
商品開発会議　25, 30
ショールーミング　84
事例研究　187
新型スピーカー　117
新型半導体ウェハ　113
新規参入業者　94
新規事業　87
　　——開発　87, 102, 125
　　——開発のアプローチと成長の戦略に関する
　　　理論モデル　87
　　——最適戦略　89
　　——のアプローチおよび成長の戦略に関する
　　　理論モデル　96
　　——のための組織設計選択肢　90
　　——のプロジェクト　102
　　——プロセスのモデル　91
新商品のアイディア　30
新製品開発　40
新製品のコンセプトやニーズ　123
垂直立ち上げ戦略　5, 18
垂直統合　99
スーパーファミコン　140
ステータス　105
スピード経営　22
スピードを重視する戦略　18
スマートフォン　71
スマートループ　54
スマートループアイ　55
生産拠点　32
成長ベクトル　98
　　——の理論モデル　88
正当化　102
　　——プロセスの反復性　122

製品ニーズ　123
製品擁護活動　103
セールスエイドスタッフ　33
全社戦略・事業戦略　5
先端事例　19
戦略構築　103
創発的戦略　90
創発的プロセス　91
組織間お墨付き　102, 106
組織間学習　105, 106
組織的チャンピオニング　103
組織的チャンピオン　128

【タ行】

代替品　94
単一事例研究　22
　　──法　187
探索的な調査研究　154
地位　105
知識の創造　102
地図　64
　　──データ　47
チャンピオン　112, 125, 150
　　──からアンタゴニストへの変化　146
　　──の獲得　120
　　──の存在　122
仲介者　45, 59, 64
著名な人物や組織　105
通信回線サービス　47
通信機能　54
通信モジュール　52
ディスカウントキャッシュフロー法　104
定量的な評価方法　104
テクノロジープッシュとニーズプル　103
店頭販促　29
統計分析手法　187
導入店舗数　35
東北　72, 76
都市部　72, 76
トップによる戦略としての承認　120
トライアンギュレーション法　107

【ナ行】

内部妥当性　107

ニーズ　99
　　──の認識　122
ニッチ商品　25
ネット　76
　　──比率　78

【ハ行】

バーゲルマンの社内ベンチャーのプロセスモデル　106
ハードディスクドライブ　111, 135
パートナー　45
販促員　33
反対者　125, 149, 150
半導体ウェハ　113
非関連多角化　98
ビジネスモデル　117, 123
ピッキング　34
ファーストセカンド　7, 20
フォロワー　45
　　──戦略　7
　　──の後発者優位性　7, 20
複数情報源　107
複数事例研究　107, 130, 187
プッシュ型のSCM　21
フュートレック　52, 64
フリーワード音声検索　52
プレイステーション　141
プレゼン会議　25
プロジェクト　102
　　──に関する環境変化　148
　　──の活動の変化　148
プロダクトチャンピオニング　103
プロダクトチャンピオン　128
フロントローディング　21
分析枠組み　45, 76, 106
並行業務プロセス　31
ベンチャー企業　149
　　──のマネジメント　149
ベンチャーキャピタリスト　149
法規制　47, 50
補完品生産者　94, 95
母体組織のブランドの信頼性　122

【マ行】

マーケティング　1
　　——戦略　5
マザーズ市場　153
味噌商品　119
メーカーベンダー　25

【ヤ行】

ユーザーイン　25
ユーザー参加型のイノベーション　54
擁護者　125

【ラ行】

ラウンダー　35

リアル　76
　　——オプション評価　104
リーダー　45
　　——戦略　7
　　——の先行者優位性　7, 20
リードタイム　32
理論的サンプリングの論理　107
理論的方法　187
レーザーロータリーエンコーダ　111, 135

【ワ行】

ワイドレンズ　43

著者紹介

伊藤　嘉浩（いとう・よしひろ）

長岡技術科学大学大学院工学研究科情報・経営システム工学専攻准教授
1988年早稲田大学理工学部卒業，1990年同大学院理工学研究科修士課程修了，
1988年法政大学大学院社会科学研究科経営学専攻修士課程修了。2005年東北大
学大学院経済学研究科博士後期課程修了，博士（経営学）。キヤノン株式会社研
究員，山形大学人文学部法経政策学科准教授を経て，現職。専門分野は，経営戦
略論，マーケティング，イノベーション・マネジメント。研究成果の論文を
Industrial Marketing Management と『一橋ビジネスレビュー』をはじめ，国内外
の有力学術雑誌に52編発表。日本情報経営学会2017年度学会賞「論文賞」受賞。

主要研究業績

Ito, Y. (2018), "Interorganizational Business Development Utilizing Legitimacy
　　for Resource Mobilization in Large Firms: Successful and Unsuccessful
　　Cases," *Industrial Marketing Management*, 75: 80-89.
伊藤嘉浩（2016）「創発的ビジネスモデルのイノベーション：巣鴨信用金庫の事
　　例」『一橋ビジネスレビュー』64(1)：156-169。
伊藤嘉浩（2013）『新規事業開発のマネジメント：社外からの著名効果の分析』白
　　桃書房。

イノベーションと革新的マーケティングの戦略

2019年6月25日　第1版第1刷発行　　　　　　　　　　　　　　検印省略

著　者	伊　藤　嘉　浩	
発行者	前　野　　　隆	

　　　　　　　　　　　　　　　　　東京都新宿区早稲田鶴巻町533
　　　　　　　　発行所　株式会社　文　眞　堂
　　　　　　　　　　　　　　電　話　03（3202）8480
　　　　　　　　　　　　　　FAX　03（3203）2638
　　　　　　　　　　　　　　http://www.bunshin-do.co.jp
　　　　　　　　　　　　　　郵便番号（162-0041）振替 00120-2-96437

製作・美研プリンティング㈱
©2019
定価はカバー裏に表示してあります
ISBN978-4-8309-5041-4 C3034